AF491611

آداب العليل في صحبة المرشد المنير

تأليف الفقير إلى ربه
الدكتور محمد الجادوي الكردي

الكتاب: آداب العليل في صحبة المرشد المنير

المؤلف: الدكتور محمد الجادوي الكركري

الناشر: الدكتور محمد الجادوي الكركري

الطبعة: الثانية 2025

الحقوق: جميع الحقوق محفوظة ©

ردمك: 978-9938-79-255-3

إهــداء

إِلَى مَوْلَانَا الشَّيْخ قَدَّسَ اللَّهُ سِرَّهُ مِدَادُ قَلَمِنَا

وَالِدَايَ صَانِعَا أَثَرِنَا

لِلَّة وِئَام الْكَرْكَرِي عَوْنُنَا

سِيدِي مُحَمَّد الأَمِين ذُكَّار الَّذِي ترجَمَ لنَا

سِيدِي عَبدُ الْحَمِيد الزبِدِي ضَابِطُ كِتابِنَا ...

التقريظ

بسم الله الرحمن الرحيم

الحمد لله الذي هيأ أصفياءه لحضرته بالأدب الكريم، والصلاة والسلام على سيدنا محمد صاحب الخلق العظيم وعلى آله وصحبه ذوي الفضل العميم.

وبعد، فما إن طالعت هذا الكتاب لأخي الدكتور محمد الجادوي حفظه الله -بدعوة كريمة منه - حتى أدركت أهمية هذه الإضافة الثرية إلى مكتبة الطريقة الكركرية العلية، أهمية تستمد حقيقتها من رافدين رئيسين، أولهما موضوع الكتاب الدائر حول الآداب التي ينبغي للمريد الصوفي أن يتحلى بها ظاهرا وباطنا في صحبته لشيخه ومرشده في طريقه لمعرفة ربه عز وجل.

وثانيهما استمداد الكتاب من تجربة حية خاضها المؤلف في صحبة شيخ الزمان سيدي محمد فوزي الكركري قدس الله سره.

ولا شك أن الأدب أهم ما ينبغي الاعتناء بطلبه وتحصيله قبل طلب العلوم والمعارف لأنه بوصلة التوجه السديد وسفينة التبحر الرشيد في العلم النافع حتى يثمر معرفة صحيحة وعملا

صالحا، قال عبد الله بن المبارك رحمه الله: "لا ينبل الرجل بنوع من العلم، ما لم يزين علمه بالأدب".

ومن تشبع بالعلم وتجرد من الأدب كان علمه عليه وبالًا والطرد والحرمان له حالا.

وفي ذلك قال ابن سلام رحمه الله: "مددت رجلي تجاه الكعبة فجاءتني امرأة فقالت: إنك من أهل العلم لا تجالسه إلا بالأدب وإلا محا اسمك من ديوان القرب".

ولهذا نجد من سلف من أهل العلم والفضل -بحسب ما نقلته الآثار والأخبار- يعتنون باكتساب الآداب غاية، ويبذلون في سبيل ذلك نفائس الأعمار.

قال عمر بن الخطاب رضي الله عنه: "تأدبوا ثم تعلموا".

فكان هذا منهجا متبعا عند الصحابة رضي الله عنهم تلقوه عن المربي الأعظم صلى الله عليه وسلم حيث "كانوا يتعلمون الهدي كما يتعلمون العلم" كما نص عليه ابن سيرين رحمه الله.

وظل هذا المنهج ماضيا فيمن بعدهم؛ قال عبد الله بن المبارك رحمه الله: "طلبت الأدب ثلاثين سنةً، وطلبت العلم عشرين سنةً، وكانوا يطلبون الأدب قبل العلم".

وقال الحسن البصري رحمه الله: "إن كان الرجل ليخرج في أدب نفسه السنتين ثم السنتين".

وإذا كان هذا شأن الأدب لطالب العلم الظاهر، فإن شأنه في طلب علم الروح - أو سَمِّه علم الإحسان أو علم التصوف كما استقر عليه الاصطلاح- أعظم وأخطر.

فالأدب شرط في إثمار العلم الكسبي لا في تحصيله؛ فكم عالم لسان لا أدب له، أما علم الإحسان فلا يُنال ولا يُثمِر إلا بالأدب.

قال محمد بن علي بن جعفر الكتاني رحمه الله: "التصوف خلق، فمن زاد عليك في الخلق زاد عليك في التصوف ".

ولهذا اعتنى أهل الله بالأدب عناية كبيرة، وألفوا في ذلك كتبا كثيرة تعين المريدين على حسن السلوك وصدق الصحبة، ومن ذلك كتاب آداب الصوفية لأبي القاسم القشيري رحمه الله، وكتاب جوامع آداب الصوفية لأبي عبد الرحمن السلمي رحمه الله، وصولا لكتاب الآداب المرضية لسالك طريق الصوفية لمحمد بن أحمد البوزيدي رحمه الله، وهذا الأخير يلقى عناية كبيرة في الطريقة الكركرية بتوصية من الشيخ المربي سيدي محمد فوزي الكركري قدس الله سره.

فجاء الكتاب الذي بين أيدينا سائرا على نهج من سبق مخاطبا مريدي وجه الله بخلاصة الآداب التي استقاها المؤلف من تجربته الخاصة في صحبة الشيخ رضي الله عنه، حيث يسري بالقارئ في رحلة تربوية تنطلق من ميدان النية والقصد تصحيحا وتنقيحا، فتمر به على فضاء المحبة تحليا بالصدق وسلبا للدعاوى الفارغة، وتنزل به في رحاب الخدمة والدعوة وفق حركة

رشيدة تابعة لمركزية السنة المحمدية المتجلية في مرآة الولاية الوقتية، ثم تعرج به في سماء البذل والعطاء مصداقا لقوله تعالى: ﴿إن الله اشترى من المؤمنين أنفسهم وأموالهم بأن لهم الجنة﴾.

ولما كان من شأن هذه الآداب أن توصلك إلى كنزك المكنون بحسب عطاء ربك وقسمة شيخك، ختم المؤلف كتابه بأدبين عظيمين تحوط بهما هذا الكنز وتستديم هذا المقام فتتحَفَّظ بهما من السلب، نسأل الله السلامة.

فحري بي وبمن اطلع على هذا الكتاب أن نمعن النظر فيه وننهل من معينه بنية العمل والسير لا لمجرد حشو الفكر، فالطريق عمل وسلوك لا يغني فيه القول ما لم يشفعه الفعل.

وفقنا الله وإياكم لما يحبه ويرضاه وجزى الله المؤلف خير الجزاء على عمله ببركة الشيخ سيدي محمد فوزي الكركري قدس الله سره.

كتبه الفقير إلى ربه عبد الحميد بن محمد الزبدي

المقدمة

أعوذ بالله من الشيطان الرجيم بسم الله الرحمن الرحيم؛ فاطر السماوات والأرضين، المتعالي على العرش والكرسي في عليين، نور كل نور، ماحق الطغاة وولي المتقين، والصلاة والسلام على أشرف الخلق سيدنا محمد الأمين، وعلى صوره في عترته المبجلين، فهو مظهر الكمال ورحمة المتعال ومحيي المحال وإكسير الجمال وملطف الجلال، الشفيع المشفع الرفيع المترفع الخاشع المتخشع، سر كل الأسرار ومنبع كل الأنوار، الحبيب المحبوب الطالب المطلوب، لا يحوي قدره إلا موجود ولا يعلم حقه إلا المعبود.

والصلاة والسلام على أنبياء الله ومرسليه وعلى الأصحاب الميامين وأهل البيت المفضلين وعلى كل صالح آمين.

فإنا جمعنا في هذا الكتاب الذي بين أيديكم، ببركة وإذن شيخنا ومولانا محمد فوزي الكركري قدس الله سره الشريف، خلاصة من الأدبيات التي تعلمناها في صحبته والجلوس في حوزته العامرة بالمغرب الشريف وذلك أكثر من عامين. فهو الشيخ الأعظم الولي الأكرم الختم الأقدم في التحقيق، الأكرم نسبا وروحا في كل طريق، وهو الكامل المتكامل، درة الوجود، من

بدد الله بنوره الساطع ظلمات الطاغوت وأخرج بنَفَسِه المانع الأموات إلى الوجود.

يقول قدس الله سره الشريف في أحد حكمه: انحناء الإحاطة استقامة أدب لمن عرف حق النقطة أما من جهل حقها كان انحناؤه اعوجاج فصار ماؤه أجاج ﴿وما قدروا الله حق قدره﴾.

فإن الطريق إلى الموسوط مقيد بالتأدب غير المشروط مع الواسطة، أما الذي فقد الأدب معها فطريقه سقر وسياحته فيه أدهى وأمر.

فاللهم بسر رحمتك المهداة اجعل هذا العمل خالصا لوجهك الكريم ونور به قلوبنا أجمعين وانزع عنه بجاه وليك كل زيغ مبين، والصلاة والسلام في الأولى وفي الختام على خير الأنام سيدنا محمد الهمام وعلى آله وأصحابه ومن تبعهم بإحسان.

مختصر ترجمة الشيخ المنتم محمد فوزي الكركري قدس الله سره

أعوذ بالله من الشيطان الرجيم بسم الله الرحمن الرحيم والصلاة والسلام الأكملان الأتمان على سيدنا محمد نور الأنام وآله الأصفياء الأتقياء بدور التمام وصحبه الأتقياء العلماء نجوم القدم.

أما بعد فهذه محاولة بعيد عن جناب الله في سرد سيرة القريب الباقي بالله الشريف العفيف الطاهر المنيف سيدي محمد فوزي الكركري قدس الله سره الشريف، سليل بيت النبوة من فرع مولى الدنيا والدين سبط سيد المرسلين ولد زهرة العالمين من ذرية أسد الدين مولانا الحسن زين الزين عليهم الصلاة والسلام اجمعين.

ولد رضي الله عنه في فجر يوم الأربعاء الثاني من يوليو من عام 1974 الموافق الثاني عشر من جمادى الثانية 1394 بشمال أرض الشرفاء منبع الأولياء مملكة الأتقياء مغرب الإسلام بلاد الأعلام بجهة الريف من شجرة النسب الشريف التي أصلها ثابت في أرض النبوة والرسالة وفرعها باسق في سماء الولاية تؤتي أكلها كل حين وتظهر في كل زمان عطفة ربانية من معين الصلاح أشهرهم مولانا بن قدور الوكيلي الجد الخامس لمولانا

الشيخ قدس الله سره الشريف والذي أخبر بختميته لأهله وعشيرته قبل أن ينتقل إلى حضرة ربه. فهو بن مولانا الطيب بن مولانا الطاهر بن مولانا الفردي بن مولانا بن قدور الوكيلي من جهة الأب ومن جهة الأم هو ابن السيدة يامنة بنت مولانا الطيب بنت مولانا الفردي بنت مولانا بن قدور الوكيلي رضي الله عنهم أجمعين.

كان مولانا الشيخ قدس سره الشريف حبيب جده مولانا الطاهر الهمام وارث سر مولانا العلاوي رضي الله عنهما والذي أكد فيه أخبار جده في علو همته وأعلم القريب قبل البعيد عن سطوع شمسه. ولكن مثل كل ولي همام بدأ حياته بالامتحان وحيكت له منذ نعومة أظافره أخطر المكائد من أقرب الأنام فضحى بصغره وخرج من بيته إلى السياحة في أرض ربه باحثا على الموت من نفسه وما أنزل عليه من بهتان.

ساح فيها عشر سنوات تمام والتقى فيها بجميع مراتب الخواص والعوام ودرس في آفاق ربه علوم الإشارة والبيان. يقول لنا قدس الله سره الشريف متحدثا عن سياحته: (ما خرجت إلى السياحة إلا بحثا عن الموت بعد ما ضاقت بي الآفاق من ما تجرعته من مرارة البهتان.)

ويقول قدس الله سره الشريف: (ذقت في سياحتي الحرية الحقيقية وتجرعت بالكلية حقيقة التوكل على رب البرية. وهذا المقال لا يستطيع أي كان أن يعلمني فيه: كنت إذا جعت أجد

الطعام يأتيني من ربي وإذا تعبت افترشت الأرض ونمت تحت عين ربي. كان الحجر والشجر يحدثني ويؤنسني وكنت استوحش البقاء في مجالس الأنس بالبشر. قرأت حقيقة الرحمة في من تراه الناس أرذل الخليقة وعلمتني الآفاق أن لا أحكم على غيري مهما كانت الطريقة. فحكم العين باطل على البواطن وما تراه أنت في جهنم العذاب قد يجعله رب العالمين جنة الرحمان للكثير من العباد.)

بعد عشر سنوات من السياحة ناداه ربه بالرؤية إلى الرجوع إلى أصل نشأته. كان ذلك في سنة 2005 فرجع إلى مسقط رأسه واجتمع بأحب الخلق في قلبه أمه الطاهرة العفيفة لالة يامنة رحمها الله رحمة واسعة وكان ذلك دعاؤه الوحيد في سياحته أن يجتمع بها قبل أن تنتقل إلى جوار ربها.

وكانت أهم نقطة عند إيابه إلى مسقط رأسه مقابلته شيخه مولانا الحسن بن الطاهر عمه رضي الله عنهما الذي ورث سر أبيه في الدلالة على الله. فرأى فيه الباب الأوحد للتوبة من نفسه وما علق به مما جرى عليه في صغره. فتجرد من كل شيء علق به في ماضيه ولبس جبة التوكل على الله وقصد بابه حافي القدمين في جهة تمسمان. وفي رحلته إليه شعشع له نور ربه وكان يمشي إليه باكيا خاشعا تائبا وهو الذي يقطن بعيدا عنه أكثر من سبعين كيلومترا. يقول لنا قدس الله سره الشريف: (كنت قد تجردت من كل شيء أملكه وتصدقت بكل ثوب

لبسته وما تركت لي الا جبة استر بها نفسي وكنت أرى في مولانا الحسن الباب الأوحد لقبول توبتي من ما تجرعته في صغري. كنت باكيا خاشعا مهموما بربي وما إن أخذت طريق تمسمان الا وبدأ النور يشعشع في قبالتي، شمس تغطي شمس الظهيرة. كنت أعتقد أني أصبت بالعمى وكنت لم أعد أرى أمامي ولا خلفي، ولكن هم التوبة في قلبي لم يجعلني التفت إلى هذه الحالة حتى أني كنت امشي وتقع قدمي على الشوك ولا أبالي وعندما وصلت إلى بيت عمي كان همي أن يفتح لي باب التوبة من ما علق بي في محنة صغري. فرفضني في أول الأمر وأغلق عليا بابه حتى يمتحنني في نيتي. فعندما رأيت منه ذلك الرفض قلت له إن لم تقبلني فسوف أرجع إلى سياحتي عسى أجد قبول ربي عند غير هذه الآفاق. ففرح بي وبهمتي وأمر ابنته الكريمة رضي الله عنهما حتى تحضر لي مكان الخلوة ووعدني بأن الله يقبل فيها توبتي.)

وأدخله مولانا الحسن رضي الله عنه الخلوة المباركة في أوائل شهر شوال في ذلك العام وطلب منه أن لا ينام فيها وأن يصوم على الأكل والشرب ملازما الفرض مع ذكر الاسم الأعظم. ومرت الليلة الأولى فأتى إليه الشيخ في صبيحة اليوم الأول حتى يتفقد ما وصل إليه إبن أخيه رضي الله عنهما من فتح. فقال له أنه لم ير في ما مضى من ليل دليل توبته حتى ترتاح وتطمئن روحه. فعلم الشيخ أنه لم يذكر الإسم الأعظم، بل لازم الإستغفار لا غير

فسأله عن سبب عدم انصياعه لأمره بذكر الإسم فأجاب قائلا: (لا أريد من ربي إلا أن يقبل لي توبتي ويغفر لي. هذا رجائي في حياتي لا غير.) فقال له مولانا الحسن رضي الله عنه: (يا بني اعلم أن إسم الله الأعظم قد جمع فيه ربي كل ذكر منها الإستغفار والتوبة فافعل ما أقوله لك حتى ترى برهان توبتك.) فكان ذلك في الليلة الثانية وفتح على مولانا الشيخ قدس سره الشريف مقام الختمية وفهم بالتجلي والتحلي سر الألوهية وارتقى بالحس والروح إلى سدرة الولاية وشرب بالفهم والتصريف مراتب السر. وعلم حقيقة ما كان في ماضيه وحاضره ورأى ما يأتيه في مستقبله من حتمية الدلالة على ربه. ومن الطرائف التي وقعت له في خلوته في اليوم الثاني أنه كان بذكر أعظم الأسماء يسيح بالجسد والروح في كون ربه ولم يكن قد تفطن لذلك. فعندما أتاه مولانا الحسن رضي الله عنه حتى يتفقده في اليوم الثاني لم يجده في مكانه فتعجب وبحث عنه في أرجاء المكان ولم يجده وبعد حين رجع إلى الخلوة فوجده فيها فقال له: (ما أخرجك يا بني منها.) فأجابه أنه ما خرج منها بل كان جالسا هنا في مكانه. فعلم مولانا الحسن علو مقامه وجعل يفسر له في ذلك اليوم ما تجلى عليه من فتح في علم أعظم الأسماء وكان مولانا الشيخ قدس الله سره الشريف يتجلى له الإسم بكل ما كان منه من تجلي ويأتيه الفهم مباشرة بآيات القرآن الكريم فشرب البحر وما حوى. وكان قد واصل

خلوته ثلاث ليالي. وفي اليوم الثالث أتاه مولانا الحسن حتى يأذن له بالرجوع إلى الجلوة فرفض مغادرة الخلوة بربه قائلا: (هنا وجدت ربي ماذا افعل بالجلوة.) فأفهمه مولانا الحسن رضي الله عنه أنه الآن صار يمشي بسر ربه فصارت جلوته خلوته. قال تعالى: ﴿فأينما تولوا فثم وجه الله﴾.

وكان مولانا الحسن رضي الله عنه كلما اجتمع بأهله وعشيرته نبههم بأن ابن أخيه قدس الله سره الشريف من أكابر الأولياء. وبعد انتقال عمه رضي الله عنه عاد السر إليه وورث المشيخة وكان في مرض موته يدعو الباري أن يأخذ روحه ويترك شيخه على قيد الحياة عسى أن ينتفع به الناس. إذ أن مولانا الشيخ قدس الله سره الشريف لم ير أبدا لنفسه وجودا في حياة شيخه رضي الله عنهما وكان لا يرى معه نفعا من شدة فنائه فيه.

ولكن الله أراد أن تتجدد رحمته في خلقه ويبعث في أمة نبيه عليه وعلى آله الصلاة والسلام من ينفخ في أمرية الدين حتى يرجع الناس إلى زلاله. فكان الأمر والإذن مباشرا في الدعوة إلى الله والدلالة عليه من مولانا رسول الله صلى الله عليه وآله وسلم ومن رب العزة جل في علاه.

فبدأ نور الإله عز وجل يسري في العباد على يد مولانا الشيخ قدس الله سره الشريف وبدأت تشتعل مصابيح المؤمنين من جميع أقطار العالمين بنوره المبين. ورغم حملات التشكيك والعداوة من القريب قبل البعيد انتشرت طريقته كالنار في

الهشيم بين كل الأنام من عرب وعجم كرام. وصارت منذ سنة 2007 تحج إليه كل نفس اشتاقت إلى أوطانها وتشتعل ببركة دعائه كل القلوب الهائمة في البحث عن ربها. ملأت كرامته أرجاء المعمورة وأتاه على الأقدام من بلاد العرب والروم كل الأقوام. وقد آثر راحته وراحة أهل بيته على تربية مريدي الله فأسكن أهله في زاويته وفتح نفسه لكل من أراد الله.

لم نجد في تاريخ المشايخ الربانيين أسرع من طريقته فتحا ولم يذكر لنا في الكتب ولا الآثار من المريدين أكثر منها عددا. شهدت الألوف على كرامته وبفضل بيعته رجع العلم بالله وملائكته وكتبه ورسله عليهم وعلى نبينا الصلاة والسلام حيا بالتجلي والمعاني. دل عليه رب العزة ونبي الرحمة عليه وعلى آله الصلاة والسلام في المشاهدة والمنام. وشعشع نوره في كبد النهار على مريديه في كل حال.

ألبسه الله خلق الرحمان وجعله شجرة تنير كل مذنب ولهان. رحيم بكل العباد دائم التبسم مورد للبهجة محب للبساطة. لطيف خفيف كالنسيم رؤوف رحيم بكل الأنام. يحب السهل ومن سَهّل سريع الضحك وسريع الدمع. يكره التصنع ومن لبس القناع ويحب الصادق ولو كان في الذنب هام. كثير الذكر ما تفارقه الأوراد يعشق الليل، والقيام في الأسحار. كنا في وقت كورونا معه قدس الله سره الشريف نقيم الليالي في الذكر والابتهال. إذا ما جلس في المحراب يذكر والله لا يبرح مكانه

حتى تأتي ساعة الذكر من الأسحار وهذا ولو كنا في فصل الشتاء. ابتلاه الله بنا لم نفهم حقيقة مقامه وكلما زدنا في طغياننا إلا وزادت رأفته ورحمته بجهلنا.

تربيته جمال الجمال وبركته رفعت عنا جلال الوصال. يقيم الدروس في زاويته على الدوام. ويتابعه المريدون بالمئات على الخاص والعام. كل كلامه معاني، من سر الإله يغرف بدون أن يعاني. من لم يعتده يتعجب من تفسيره السريع العميق والسهل في الآن للرؤى والمشاهدات وحديث المصطفى عليه الصلاة والسلام وآيات القرآن.

عاداه السفهاء وقليلو الحياء وتبعه المتواضعون من علماء الدين والدنيا في كل مكان. امتحن الله الأقربين منه بمعاداته وتجرأ منهم السفيه والخبيث بأن وضعوا له السم حتى يعاني. ولم يزده هذا إلا تعلقا وحبا بجناب الله وفضح الله من أراد به سوءا بين القاصي والداني.

ربح منه من سمع النصيحة وطبقها في الآن وخسر معه من أكثر معه السؤال والكلام. يكشف لك كل مستور بقليل الكلام ويريك مآل توجهك ولو لم تسأل عن المآل.

رأيناه من تجرعه السم يحمل على كتفيه جبال الجلال ولا يشتكي ولا يبالي من هذا الحال. أحبنا بحب الله ورسوله صلى الله عليه وآله وسلم ولم يغش أحد منا في النصيحة ولا السؤال. من شدة علوه عند الباري غرس في قلوب مريديه ما

يحير فيه العقل من أسرار. له من المؤلفات في علوم القوم ما تقف به الأذهان ويخضع له ولولايته من تواضع لله أي كان.

يحير العقل في حبه لله وأصفيائه عليهم الصلاة والسلام. قربه دواء للبعد ومطرقة لصدأ القلوب ولكل العميان.

نفعنا الله به في كل حال ومقال وأفنانا الله فيه حتى لا نرى منا فينا إلا نفخته على الدوام. واللهم صلي على سيدنا محمد في الختام، أصل شجرة العترة الكرام وعلى آله ورثته في الدلالة على حقيقة القرآن وأصحابه نجوم الهدى في سماء البيان وكل من تبعهم بإحسان على الدوام وسلم تسليما كثيرا نسلم به من ضلالات الإنكار وظلمات الفجار وتيهان الأشرار.

١. النية في مبايعة الشيخ قدس الله سره الشريف في طريق الله

قال تعالى: ﴿قل إن تخفوا ما في صدوركم أو تبدوه يعلمه الله﴾.[1] اعلم وفقنا الله ورسوله ووليه إلى المحجة البيضاء أن الله عز وجل مطلع على نوايا عباده عليم بسرائرهم ومحيط بظواهرهم. واعلم والله ووليه أعلى مني ومنك وأعلم أن الله جعل حبيبه عليه الصلاة والسلام يبصر ببصره كما قال رب العزة على لسان نبي الرحمة صلى الله عليه وسلم: "صرت بصره الذي يبصر به." وكما قال رسول الله صلى الله عليه وسلم مباشرة: " اتقوا فراسة المؤمن فإنه ينظر بنور الله."[2] فالمحبوب عز وجل لا يخفي على حبيبه أي المؤمن بسر ألف لام التعريف الولي المنور من آل التشريف ما خفي عن الصدور بالتصريف. واعلم والله ورسوله صلى الله عليه وسلم أعلى مني ومنك وأعلم أن الفرق بين المؤمن والمنافق تسليمه بأن السر عند الله وحبيبه صلوات الله عليه وآله وسلم جهر. فقد كان عليه الصلاة والسلام شاقا على قلب كل منافق شاق، مطلعا على

---

[1] سورة آل عمران: 29

[2] رواه الترمذي في (جامعه) (3127)

درجة كل مؤمن راق: فبشر العشرة المقربين من أصحابه بالجنان وأنذر ثلة المنافقين بالنيران، فلا تتصنع مع الديان ما لست فيه من معاني. وأول العلم بهذا البيان أن تَصدق مع ولي الزمان ما أخفى صدرك من نوايا حتى يوجهها للشطر الحرام. فالنية سر الدخول على الديان وصلاحها مقرون بالاعتراف بما فسد منها عند دخولك على خليفة الرحمان حتى يأخذ بيدك إلى مراتب الإحسان.

أ- أن يأخذ الولي بيدك إلى التوبة

فلتكن نيتك أيها الفقير لحضرة الجليل أن يأخذ الولي بيدك إلى الله ويقر لك توبة خالصة من ميلاناتك التي تحجبك عن التوجه بإخلاص إليه عز وجل. فأنت وأنا عندما نأتي إلى الطريق نكون في قاع بحر النفس اللجي ملطخين بنجاسة الشياطين من كبر وعجب وحسد لا يعلمه إلا الإمام المبين وما سترها الله علينا إلا رحمة بنا لأنه إذا كشف لنا حجاب غفلتنا عن حقيقتنا جملةً واحدة صَعِقْنا صعقةَ ذعر قاتلة.

فلا تقل إنك جئت تائبا؛ فهذا زعم لا تعرف حقيقته و هو أقرب للكبر منه للحقيقة إلا من رحم رب البرية. قال تعالى على لسان سيدنا يوسف عليه السلام: ﴿وَمَا أُبَرِّئُ نَفْسِي إِنَّ النَّفْسَ لَأَمَّارَةٌ

بِالسُّوءِ إِلَّا مَا رَحِمَ رَبِّي إِنَّ رَبِّي غَفُورٌ رَّحِيمٌ﴾[3]، فهذا سيدك و سيدي يوسف الصديق المعصوم الأمين الذي زكاه رب العالمين لا يتجرأ على قول ما فيه من خصال الكمّل التوابين و لا يبرئ نفسه الكاملة من تهمة الأمر بالسوء فما بالك بحالنا نحن المساكين، فالتائب هو الواصل إلى الله تعالى وهو الذي ماتت نفسه الأمارة واللوامة والملهمة وصارت مطمئنة بالله، فألحقنا اللهم بهم. فمن ادعى هذا المقام في بيعته لله مرره الله على حقيقة التوبة وامتحنه على قوله الزائف، فنزع عنه رداء الستر وفضحه أمام أقرانه وأراه أنه عبد الأدنى لا عبد الله. فتراه يغتصب حق الإخوان ويثير البلبلة بين الأقران ويشتكي منه الكل على العدوان ويشتكي من الغير بلا حقيقة ولا بيان، لا يصبر على الغضب ولا يرعى حال الأقرب ولا يعترف بما في نفسه من عطب. أما التائب فقد ماتت نفسه وصارت بالله تسري، لا ترى شرا في الأكوان ولا تنظر إلا للديان بعين الرحمان؛ ماتت نفسه عن التلونات ومحقت في حقيقة التجليات، إن سببته سامحك وإن أكلت حقه شكرك، تائب من الكل والبعض، سائح في حضرة الواحد لا غير، لا يتأثر بالأغيار وبه تتأثر الأقدار، صورة الرحمان، بركة الوقت والزمان، لا شريك له في الأعيان، رحيق من عترة النبي العدنان عليهم الصلاة والسلام.

فإذا كان المدعي لهذا المقام بلا بيان مرحوما، استفاق من غيه وراجع نفسه وما ادعاه من توبة واتهم حَيَّته وفهم الدرس من خطورة تحريك اللسان بلا حجة ولا تبيان. وإن كان من أهل العدوان خرج من الطريق الذي لم يدخل فيه على التحقيق إلا ليعرفه الله حقيقة نفاقه بين الأقران.

فتذكر دائما قبل دخولك على الإمام ما أفسدت في الأكوان حتى تُعلم نفسك الطاغية أنها سم وداهية، أبعد ما تكون عن نفس الرحمان وأنّ دعواك في الكمال كذب على الأنام.

تذكر المظالم التي وقعت فيها ولم ترجع حق أهاليها وإن لم تجد شيئا من هذا، فأغمض عينيك لترى ليلك الحالك وتتمعن في سواد نَفَسك الغالط كما يشير لنا دائما ولي أمرنا، فإن مازال فيك ادعاء للصلاح فاعلم أنك -بحديث النبي صلى الله عليه وسلم- ترى في هذا السواد حقيقة قبرك، داموسَ ظلام مرعب.

قال رسول الله صلى الله عليه وسلم: " القبر كقطع الليل المظلم - أيها الناس - لو تعلمون ما أعلم لبكيتم كثيرا وضحكتم قليلا - أيها الناس - استعيذوا بالله من عذاب القبر، فإن عذاب القبر حق "[4].

[4] مسند الإمام أحمد

فخف من نفسك واتهمها وأقر ببعدها ولو لم تذقه واستعذ بالله منها، وذلك قبل أن تبايع طبيب الأنفس الذي إذا عرى لك الإناء سقطت في قاع الادعاء.

ومنه فإن نويت بالولي أن يأخذ بيدك إلى الرحمان سهل عليك الطريق ولطفه لك من كل ضيق وسرى بك باللطف في مراتب التحقيق، إذ أنك لم تدَّعِ ما ليس فيك وجئت إليه بالضعف هاربا من لغة التزويق.

لا تتصنع أمامه الصلاح وقل إنك لست من أهل الفلاح حتى يجعلك منهما. فما حاجتك للشيخ إن كنت صالحا وفالحا؟ إذا علمت أنك لست صالحا أصلحك وإذا علمت أنك لست فالحا أفلحك وإذا علمت أنك منافق أصدقك وإذا علمت أنك بُعْد قربك وإذا علمت أنك ظلم طهرك، فبالأضداد تعرف الأشياء. أما إذا ادعيتها وبايعت، حق على الله أن يظهر لك في الكون بعصا الولي ظلمتك، فاستعد للبلاء.

قال رسول الله ﷺ: "إنما الأعمال بالنيات، وإنما لكل امرئ ما نوى، فمن كانت هجرته إلى الله ورسوله، فهجرته إلى الله ورسوله، ومن كانت هجرته لدنيا يصيبها أو امرأة ينكحها، فهجرته إلى ما هاجر إليه."[5]

من دخل على الإمام بنية مغايرة عن معرفة الديان وأن يأخذ بيده إلى الرحمان ضل.

فإن أتيت لأمر دنيوي كزواج، أو عمل، أو رقية، أو غير ذلك من نوايا الأدنى لا تظهر وجه الإيمان والقدوم رجاء لوجه الرحمن. افضح نفسك وصارح شيخك حتى يغير لك عيبك ويحضِّرك للبيعة.

أما من أخفاها في نفسه فما إن يمسك يد الولي إلا عرَّاه الكون أمام الأعيان وفضح عيبه وأظهر كذبه. يقول مولانا الشيخ قدس الله سره الشريف من أتانا وكذب علينا في نيته من بيعتنا فضحه الله في ظرف أربعين يوماً.

فالأولى لمن أراد الوصول إلى حضرة الموصول درس شروط الدخول على الباب العلي الولي الموصل التقي. حتى يعلم نفسه وقلبه الهدف من وضع الساق في حضرة الساقي. لا أن

يأتي مدفوعا بنزوة اكتشاف أو شهوة اعتكاف هروبا من مشاكل الدنيا. فهذا المقام ليس مقاما عاديا، بل هذه حضرة البرزخية بين السماوات العلى والأرضين السفلى، أمر عظيم جليل قدير خطير تربع على رأسه سر تنزه في التشبيه بلا شبيه وهو باب النجاة للمعظِّمين والنزول للمحتقِرين.

جـ- لا تقل أتيتُ لله

من أتى لله صار صورة للَّاَمِينِ والهاء وحمل ثلاثين مرتبة من مراتب أعظم الأسماء، فكيف لمن حجبته نفسه طول عمره عن الله أن يقول إنه أتى لله. فالأولى لمن هو على شاكلتنا من أهل الغفلان ألا يدعي ما لا علم له به، وأن يدَعَ حبيب الرحمان يبني له طريقا لمعرفة الديان فيُدرِّجه على قدر طاقته في مراتب الإحسان، وهذا هو المعنى من نية الهجرة إلى المنان، أي أن تعترف بأنك خارج دائرة العرفان، وتطلب من شيخك أن يجعل لك شعاعا من نوره تسري به في مراتب الاسم بنفس العدنان عليه الصلاة والسلام.

أما من أصر وقال أتيت لله فقد ادعى مقام الأتقياء، ولا يأتي ادعاء بلا امتحان، فيا حسرتاه على من خسر في الامتحان جراء لسانه الذي لم يستح من الكذب على خليفة الرحمان.

عن سهل بن سعد رضي الله عنهما مرفوعاً قال رسول الله ﷺ: «من يضمن لي ما بين لَحْيَيْهِ وما بين رجليه أضمن له الجنة».[6] فلا تدّعِ ما لست فيه وتصرَّ وتتفوه به؛ حتى لا يصير طريقك إلى الله موصدا بنيران الجحيم، وكثيرا ما كان الصدّيق رضي الله عنه يتمثَّل بهذا البيت:

احذر لسانك أن تقول فتبتلى * إن البلاء موكل بالمنطق.

2. مسألة الحب: أحبط يا شيخ

جاء عن محمد المهدي الفاسي القصري في مطالع المسرات بجلاء دلائل الخيرات أن رسول الله صلى الله عليه وسلم قال: " لا يؤمن أحدكم حتى أكون أحب إليه من نفسه وماله وولده ووالده والناس أجمعين. " وثبت في حديث عمر بن الخطاب رضي الله عنه فيما أخرجه البخاري من حديث عبد الله بن هشام رضي الله عنه قوله لرسول الله صلى الله عليه وسلم:" أنت أحب إلي يا رسول الله من كل شيء إلا نفسي التي بين جنبَيَّ," فقال له عليه الصلاة والسلام: "لا تكون مؤمنا حتى أكون أحب إليك من نفسك." فقال عمر رضي الله عنه:" والذي أنزل عليك الكتاب لأنت أحب إلي من نفسي التي بين جنبي، قال: الآن يا عمر تم إيمانك."

فإذا ربطنا الحديثين ببعضهما البعض علمنا أن مرتبة الحب ليست لقلقة يجريها المريد على اللسان، بل تضحية صعبة المنال؛ سكينا على عنق ميلاناتك يقطع لك كل العلائق حتى التي هي منك فيك، كما أجراها سكين سيدنا إبراهيم خليل الرحمان على نطفته الطاهرة سيدنا اسماعيل عليه السلام. هل أنت وأنا سوف نضحي بمالنا ونرمي بولدنا ووالدنا وأنفسنا من أجل عترة النبي صلى الله عليه وسلم؟ لا نكذب على أنفسنا؛

فنحن ضعف وسوءة وقهرية، لا تسليم لنا ولا طاقة لدينا. إن جعنا كفرنا وإن تألمنا تذمرنا، فلا نضع أنفسنا في مقام المخلصين الخالصين نحن المنكوبون المغرورون، وكما يقول مولانا الشيخ قدس الله سره الشريف: "لا تقل لي أحبك يا شيخ! الحب تضحية لا كلام يتلى على الألسن.

حاء بسند الثمانية الذين حملوا عرشية الرحمن وباء بالاثنين نقطتها تحت سطر من باطن الجبروت، جُمعوا فأعطوا عشر فناء الصفر في الواحد..."

واعلم أنك لن تصير -أبدا- الحبيبَ، لأن الحبيب واحد لا شريك له فني فيه وبقي به وصار صورة لتجليه، وهو بعد المصطفى عليه الصلاة والسلام في زمانه شيخك قدس الله سره، فلا تزاحمه فيما اختصه الله به وأقامه فيه، وجاهد في طريق الله بالقول في الدعوة والعمل في البذل من مال ونفس وإشهار لطريق الله تحت توجيه ولي الله حتى يرق بك وبي من مقام السفليين المنافقين إلى انعكاس مطهر لحبيب العالمين عليه الصلاة والسلام. لا تقلها أبدا كلمة أحبك حتى ولو قال لك الولي أحبك حتى لا تضع نفسك في مقامه العلي وتزكي مالا ليس بزَكِي. اُدعُ الله أن يفنيك في حب شيخك باللطف والجمال ولا تطلب ضيقا ولا جلالا حتى لا تسقط في نيران الامتحان. وخف دائما من كل دعوى من هذا القبيل، وتذكر أنك جئت من ماء مهين، أي أن أصله هين ضعيف ومهان ذليل.

قال تعالى: ﴿إِنَّ اللَّهَ اشْتَرَى مِنَ الْمُؤْمِنِينَ أَنفُسَهُمْ وَأَمْوَالَهُم بِأَنَّ لَهُمُ الْجَنَّةَ يُقَاتِلُونَ فِي سَبِيلِ اللَّهِ فَيَقْتُلُونَ وَيُقْتَلُونَ﴾. [7]

فهل بعت شيئا من هذا؟ هل قتلت وقاتلت. هل أنت وأنا أصلا من أهل هذا الهول؟ قال رسول الله صلى الله عليه وسلم: "من كان يؤمن بالله واليوم الآخر، فليقل خيرا أو ليصمت". [8] فصمتنا على هذه المقامات حسنة، ودعاؤنا أن يصلحنا الله قول خير.

قلنا ببركة مولانا الشيخ قدس الله سره الشريف وقوله أعظم:

خطاب الضمائر

لا تقل أحب فالحب ليس منك فأنت موت وظلمة وسيئة وغفلة ونقمة...الحب من الحبيب هو الذي أحبك فأحيا نفسه فيك...أما أنت فلا تصلح للحب...قل أنا الكريه، أنا المنافق، أنا السفيه... قلها في الأول حتى تذقها... لأنك من شدة معصيتك لا تقدر أن تراها فيك في الأول...وإذا رأيتها فيك فلست أنت الذي رأيتها لأن رؤيتها حسنة...والحسنة من الله...فقل عسى يعرفها لك الحبيب...فالأشياء بالأضداد تعرف...هكذا الحب أيضا...ولن تعرفه...لأنه لا يعرفه إلا الحبيب.

قال تعالى: ﴿مَا أَصَابَكَ مِنْ حَسَنَةٍ فَمِنَ اللَّهِ وَمَا أَصَابَكَ مِن سَيِّئَةٍ فَمِن نَّفْسِكَ وَأَرْسَلْنَاكَ لِلنَّاسِ رَسُولًا وَكَفَى بِاللَّهِ شَهِيدًا.﴾[9]

3. صحبة الشيخ قدس الله سره الشريف

قال تعالى: ﴿وَالسَّابِقُونَ الْأَوَّلُونَ مِنَ الْمُهَاجِرِينَ وَالْأَنصَارِ وَالَّذِينَ اتَّبَعُوهُم بِإِحْسَانٍ رَّضِيَ اللَّهُ عَنْهُمْ وَرَضُوا عَنْهُ وَأَعَدَّ لَهُمْ جَنَّاتٍ تَجْرِي تَحْتَهَا الْأَنْهَارُ خَالِدِينَ فِيهَا أَبَدًا ذَٰلِكَ الْفَوْزُ الْعَظِيمُ.﴾ [10]

اعلم والله ورسوله ووليه أعلى مني ومنك وأعلم؛ أن الرضا يختص من حضر كما قال سيدنا أبو شعيب الغوث رضي الله عنه في قصيدته، فلا رضا لمن لم يحضر بقلبه قبل قالبه. ولا يستقيم حضور القلب بلا حضور القالب. فمن رضي قلبه بغير ما ارتضاه له شيخه خرج عن حضرة الرضا فيما رضي من سوى ومن رضي قلبه بما رضي به له شيخه قدس الله سره الشريف رضي عنه وأعد له جنات من المعارف والبركات الظاهرات والباطنات تجري من تحتها أنهار الحياة خالدة بشرط أن لا يجتث المريد هذه الجنات بتوجيه قبلة الرضا إلى غير المرتضى قدس الله سره الشريف.

اعلم والله أعلم أن صحبة الفقير للشيخ هي أهم نقطة في السير، فكل من توجه إلى غير الشيخ في سيره توجه إلى غير الله، وكل من توجه إلى الشيخ توجه إلى الله إذ أن الشيخ هو باب النبي صلى الله عليه وسلم، والنبي باب الله عز وجل؛ هي أبواب متصلٌ بعضها ببعض فمن غفل عن باب الشيخ غفل عما يليها من الأبواب. قال رسول الله صلى الله عليه وسلم: "أنا مدينة العلم وعلي بابها فمن أراد العلم أتى الباب."[11] فمن أراد العلم بنفسه أتى الشيخ ولا يأتي غيره، لأن الشيخ هو وارث ذلك الباب في عصره. و منه فمنذ أن يدخل الفقير باب الطريق يجب عليه أن يضع نصب عينيه ألا يتعامل إلا مع شيخه وألا يأخذ النصيحة من غيره. وكيف لغير الشيخ أن ينصح الفقير وهو في ظلمات غيه يسير؟ كيف للمريض أن ينصح المريض وهما قد أتيا للعلاج من الأمراض نفسها؟

فلذلك كل ما أحاط بك من خلق عند دخولك إلى الطريق سيكون فاصلا لك مع ربك ولا يكون إلا شيخك الواصل لك معه عز وجل. عند إتيانك إلى الزاوية لا ترَ مع شيخك غيره ولا ترَ بدله. أينما جَلَس اجلِس وأينما ارتحَل ارتحِل، واعقد دائما في

---

[11] رواه الحاكم في المستدرك والطبراني في الكبير، وأبو الشيخ في السنة وغيرهم كلهم عن ابن عباس مرفوعا مع زيادة: فمن أتى العلم فليأت الباب.

نفسك نية أن تأخذ منه وأن يطهرك من غيك ومن بعدك عن الله. فأنت لم تأتِ إلى الزاوية حتى تختئ منه، فما المعنى من قدومك إلى الزاوية إذا اختبأت منه؟

وكما يقول بعضم لسانه:" إذا أتيت إلى هنا حتى تختئ مني فلا تأتِ وابقَ في منزلك". لأن الزاوية ليست حيطانا ولا فقراء؛ إنما الزاوية شيخك، فعندما تجلس إليه يربيك ويطهرك وينقيك ولو كنت في العصيان تغلو. كنا مرة جالسين -أخي سيدي مروان حفظه الله والعبد الفقير- في حضرة مولانا الشيخ قدس الله سره الشريف، وذلك خارج الزاوية بالقرب من الزريبة فقال لنا قدس الله سره الشريف: " يعتقد الفقير الذي يبتعد عني أنه يحسن الأدب وهو في حقيقة الأمر يجني على نفسه ثمار بعده عني؛ إذ أن الفقير إذا اقترب من الشيخ عدله وقومه وطهره من الخصال الدنيا، فكلما جلس الفقير بقرب الشيخ خرجت منه أفاعيه هاربة وكلما ابتعد عنه إلا وغاصت فيه هذه الأفاعي، فإذا اقتربت مني أصلحتك وإذا ابتعدت عني جُزْتَ على نفسك."

فإذا دخلت إلى الزاوية لا ترَ مع شيخك شريكا أبدا، ولا تضع بينك وبينه فقيرا أو غيره، فكلها حجب تبعدك عن الهدف الذي أتيت من أجله وهو أن يأخذ شيخك بيدك إلى ربك. ولا يعني هذا أنه يجب أن تنفر من الفقراء أو تعاديهم، بل بالعكس يجب -كما يقول شيخنا- أن تراهم خيرا منك، وأنك أنت الذي يمكن

أن تكون عارضا لهم في الطريق. فاعتزل عن كل شيء إلا عن شيخك، وبهذا تصنع لك طريقا في معرفة الواحد الأحد. فلن تستطيع أن تعرفه وأنت غائص في الأعداد والأرقام والكثرة والحطام تذكر أنك لم تدخل الطريق إلا بعد أن عجزت عن معرفة الله والوصول إليه بالخلق الذي حاط بك، فمن لم يضع الشيخ قبلته في كل شيء لا رجاء له في طريق الله.

ب- الصراحة راحة

بُحْ لشيخك بكل ما كان عارضا لك في طريق الله من أمراض نفس وشهوات وغيرها، حتى ينزعها من قلبك. فإن تركتها فيك كبرت وسقطت في الامتحان وإن بُحت له بها جعل لك فيها طريقا حتى تزكي نفسك منها. فإن كانت فيك معصية فلا تتركها في نفسك وبح بها لشيخك، وإن كانت فيك شهوة سيطرت على قلبك فلا تتركها فيك وبح، هكذا يصلحك الله بيد شيخك. أما من تصنع الولاية وتظاهر بالتقوى والإيمان وقلبه عامر بالأوساخ فسوف يفضحه الله عندما يدخل طريقه. سر دائما بالضعف ولا تجعل لنفسك شأنا. ولا تخبئ شيئا عن شيخك في دنيا ولا دين؛ فإذا أردت العمل فاستأذن من الشيخ وإذا أردت الزواج فارجع إلى الشيخ وإذا أردت السفر فارجع إليه، لا تقدم

على شيء إلا بإذنه حتى لا تندم بعد ذلك على ما اختارته نفسك لك. فكل عمل بدون كلمة وإذن من شيخك مبتور، لأنه محل الكوثر وأن شانئه هو الأبتر. فاغترف من كوثره في كل حركة وسكون، ولا تمر من شيء إلا بإذنه وبركاته ودعائه. فكل إذن أخذته منه موصول بالله، فيجعلك بذلك الإذن وذلك العمل الذي قمت به من بركة شيخك تصل إلى معرفة الله، وكل عمل تقوم به من غير إذنه ومن غير وصله فهو فاصل بينك وبين الله وطريق من طرق الشياطين التي تبعدك عن الله. تذكر أن العشرة المبشرين بالجنة كانوا دائما في صحبة مولانا رسول الله صلى الله عليه وسلم وكانوا يأخذون منه في كل أمر فلذلك كان لهم هذا المقام المعلوم. واعلم أن الذي يقطعك عن شيخك أو يضع حاجبا بينك وبينه إنما هو شيطان مارد لأن الشيخ لم يضع بينه وبين أي مريد حجابا وفتح بابه للكل وهذا فضل من الله لا يأخذه إلا من اصطفاه.

ج- خف من المقام العالي

هذا لا يعني أن يصير شيخك كغيره من الناس، فعندما تجلس معه اعلم أنك جلست مع صورة الرحمن وخليفة الديان ووارث العدنان صلى الله عليه وآله وصحبه وسلم فلا يغرنك ما ظهر

به من صورة في الأشباح فوالله لو تجلى نوره لك ولي لدك أصلنا وفصلنا، فلا تجلس إلا بنية الأخذ منه ومن بركته ولا تطل النظر في وجهه ولا تمازحه. خف دائما من نفسك ومن أن تتجرأ على حدود الله معه في كل شيء، لأنه مرآة صافية إذا أحبك، أحبك النبي فأحبك الله وإذا أبغضك أبغضك النبي فالله، فوقره بتوقير الله له فقد جاء في الحديث القدسي: "من عادى لي وليا فقد آذنته بالحرب". واجعل كلامه قرآنا ولو مازحك فإن الولي لا يمازح أحدا لأن كل كلامه حق؛ فخف من كل نذير جاءك منه ولو ألبسه ثوب المزاح، واستبشر بكل بشارة ولو قالها لك على سبيل المزاح، لأنه إذا ما تكلم أنزل ما قاله في الأكوان فخف وافرح في الآن نفسه.

ولا تجامله ولا تقل له أحبك يا شيخي وغيرها من الألفاظ التي لا نعرف قدرها، فهي التي تنزل بك إلى قعر جهنم السلوكِ وتضعك في امتحان لا قدرة لك عليه لأنك تدعي ما ليس لك به علم، واعلم أن الشيخ لا يحب من يجامله لأنه يعلم خفايا النفوس، كن كما أنت ولا تتصنع في شيء يرحمك الله لأن الشيخ يحب الصادقين ولا يحب المنافقين المزوقين المتنصلين. فكل من صارح الشيخ ولم يتصنع إلا وكان الشيخ معه بالجمال يسري، وكل من تصنع وكذب وزوق إلا وكان مصيره جلال السير وشدة القبض.

اعلم -والله ورسوله ووليه أعلى وأعلم- أن الله عز وجل عزيز؛ قسم كل من نازعه في خصلة أو شاركه في شيء، فهو الواحد القهار مالك الملك ذو الجلال والجمال، كل ما دونه هباء لا حقيقة؛ بل فناء. إلا أنه عز وجل أحب الحبيب عليه الصلاة والسلام فقربه وجعله مجلى للكل والبعض، بسر قوله: ﴿الله ولي﴾، فلا باب له إلا من اسمه الولي الذي تمثل في الأشباح بعبده الصالح وفي الأرواح بالمصطفى الفالح عليه الصلاة والسلام. فكان الولي سر العدم والوجود والواصل الفاصل بين الفناء والخلود. ومن هذا الباب جعل الله له الشراكة في كل الأسماء والصفات وحققه بمجلى الذات فلاح منه سر ﴿الله نور السموات والأرض﴾ وجعل له هذا السر متاحا لأهل الأرض بسر: ﴿الله ولي الذين آمنوا يخرجهم من الظلمات إلى النور﴾.

فإن منّ عليك الرحمان ببيعة الرضوان وسقاك المنان نور العدنان من سلسبيل الاطمئنان على يد الولي الصالح؛ فلا تذكر في مجلسه من سبقه من الأولياء أو الصالحين من غير شجرة السند المبين، حتى لا تكون كالكلب الذي يعض يد سيده الذي يطعمه ويسقيه من كوثر الديان وكأن السالفين من الصالحين رضي الله عنهم أوصلوا لك هذه المنة التي ما بعدها منة. فالعزيز إن أعزك اشكره بالتوجه له لا لغيره، فإن أظهرت له غيره

فيما أعزك به حق له سلبك، حتى تتعلَّم الأدب أمام الفاضل الذي فضلك فغيَّرته بغفلتك عن فضله.

فثبت قبلتك من البداية وكن عزيزا بعزته حبيبا بمحبته فان في حضرته، لا ترى فضلا إلا من عطفته ولا مزية إلا بقدرته. فهو الذي أخرجك من موتك بين الأشباح وذلك بالدليل والبرهان وبالسنة والقرآن، شئت، أم أبيت قبلت، أم عاديت. فكن كملائكة الديان، ساجدا لخليفة الرحمان، خاضعا لسر الخلافة الذي جعله برزخا لك من الموت في عالم النسيان.

لا تستعرض له مكتبتك التي طيبت بها قلبك وكأنك قد سلكت بها قبله. فقد كنا كالغبار على رفوف النسيان نجترّ الأوراق كالبهيمة بلا طعم ولا حيوان (أي حق الحياة). فصممتُنا عن التحدث بما ليس لدينا فضيلة، ونسيانُنا ما خزناه من سطورٍ للوصول وسيلة. فرغ نفسك مما قرأته من سير الصالحين حتى لا تتوهم أنك منهم، فما أنت وأنا إلا كبّة من المعاصي تمشي على أربع إلى ميناء السلام ولي المنة. تذكر دائما أن الفقر سر الغنى وأن النور لا يظهر إلا وسط الظلام.

أفرغ كل ما جاءك قبله فهو بُعْدٌ لك ولا ترجع إليه إلا إذا دلك الولي عليه. فلن تدخل الطريق حقا إلا إذا بعت -على الأقل- وهم ما عقلت قبل أن تصل إلى الولي. وكل ما رأيته صاحب فضل عليك قبل دخولك على الباب العالي ضعه في الميزان الذي لا يبالي؛ هل أخرجك من الظلمة إلى النور وحققك

بالمشاهدة؟ أم بقيت معه في شهادة الزور؟!!. ومنها تعلم أن كل من ادعاها وأوهمك ادعاءه فيها دجال، فانْسَه وفرغ نفسك منه حتى تقرب نفَسك من نفَس الرحمان. وتذكر أن الله قال في القرآن: ﴿الله ولي﴾ ولم يقل الله أولياء، وأنه قال: ﴿والذين كفروا أولياؤهم الطاغوت﴾ فحصر الولي الحق في الواحد، ومن ادعاها غيره أعوان الطاغوت وهم الأدعياء، فلا شيخ إلا من جاد بسره أما لقلقة اللسان فحتى جواهل العرب أدركوها. والذي بيناه في هذا الموضع -والله ووليه أعلى وأعلم- كنز التوجه الأعظم، من لم يدركه جمّد طريقه ومن تحقق به نال رحيقه، فاجعلنا اللهم نحلا نشرب من هذا الاصطفاء ببركة مولى الأولياء.

4. الحركة في طريق الله

أ- الشهادة فرض عين على المشاهد

اعلم -والله ورسوله ووليه أعلى وأعلم- أن الحركة سر السكون وأن السكون سر الحركة. فالله عز وجل أحب الأنبياء والمرسلين والأولياء بما أظهروه في الكون من حركة حتى يظهر العلم بالله. فلو كتبوا ما أودع الله فيهم من اصطفاء لما أخرج الناس من العماء. قال تعالى في: ﴿يَا أَيُّهَا الرَّسُولُ بَلِّغْ مَا أُنزِلَ إِلَيْكَ مِن رَّبِّكَ وَإِن لَّمْ تَفْعَلْ فَمَا بَلَّغْتَ رِسَالَتَهُ وَاللَّهُ يَعْصِمُكَ مِنَ النَّاسِ إِنَّ اللَّهَ لَا يَهْدِي الْقَوْمَ الْكَافِرِينَ﴾[12]

فمن لم يبلغ رسالات الله لم يعصم نفسه من أذى الناس. فلا تكتمل إرادة المريد بدون تبليغ ما أنزله الله عليه ببركة شيخه من نور مصدره سدرة المنتهى. فمن عاند ولم يبلغه، خرج عن شرط العصمة من أذى الإحاطة، كما قررته الآية الكريمة وفتح على مصراعيه بابَ الأعداء، إذ أنه إما تنصل من خير الأولياء فيه وهؤلاء هم أقبح المَريدين وألعنهم إذ أنهم يرون النور وصاحبه قدس سره مصدر استحياء. أما الصنف الثاني من أهل الغباء الذين لا يبلغون هذا الفضل فهم أهل الادعاء الذين يرون

<hr>

أنفسهم أفضل من هذه المنة أو من صاحبها قدس الله سره الشريف وهؤلاء أضل العميان وأتفهُهُم.

فكل من بلّغ رسالة نور الله جعل لنفسه عصمة من الكل والبعض وقربه وارث المعصوم صلى الله عليه وسلم إلى حضرة العماء وأحبه بحب المصطفى عليه الصلاة والسلام وجدد له فهمه وحركك له طريقة في اتجاه الغنى.

وأول هذا التبليغ وأقله الشهادة بفضل الله وبركة وليه في أنه أخرجه من العماء وجعل له طريقا في البقاء.

فمن لم يقم بهذه الشهادة مقطوع عن المعرفة مكبل بقيود الوهم لا يخرج منها. فمن لم يُرجع الجميل إلى أهله عليل لا يستحق إلا العصا.

فاللهم يسر علينا تبليغ رسالاتك وامددنا بالعزيمة من جامع ولاياتك قدس الله سره الشريف.

فخالف نفسك التي لن تسمح لك بقطف ثمار الحركة بالكسل والخوف أمام الناس لا أمام رب الناس، وتجتهد في منعك عن الإقدام على أنبل الأعمال وذلك بكل قياس؛ وهو أن تتحدث بأكبر نعمه عز وجل أي نوره العلي الأغر.

واعلم -والله أعلم- أن مولانا الشيخ قدس الله سره الشريف قال لنا مرة إنه من يشهد شهادة حق على نور الله ويظهر نفسه ليحدث العالم بهذه المنة التي ما بعدها منة؛ رفع الله عنه ثلاث حجب ظلمانية وأوصل له شيخه المعرفة القلبية وشهد عليه

المصطفى عليه الصلاة والسلام بأنه من أهل الأمان في يوم القيامة، أما غيره فترفع له راية الخيانة ويلجم بنار الإهانة في اليوم نفسه.

ب- داوم على الدعوة في طريق الله حتى تتجدد الرحمات فيك

اعلم -والله وليه أعلى وأعلم- أن أحسن الجهاد في طريق الله إظهاره، وأن أقصر السبل إلى قلب الولاية التحدث بنعمة النور، إذ أن كل طاعة تقوم بها -صوما كانت أو قياما- تنفع شخصك أما غيرك فلا، بخلاف تبليغ الطريق وإظهاره فخيره يعم الكل، وكما قال رسول الله صلى الله عليه وسلم مخاطبا ولي الله مولانا علي عليه السلام:" فو اللَّهِ لأَنْ يَهْدِيَ اللَّهُ بِكَ رجُلًا واحِدًا خَيْرٌ لكَ من حُمْرِ النَّعم.[13]" هذا إذا كان إلى مقام الإسلام فما بالك إن كنت سببا في هداية الخلق إلى نور الإيمان كما قال مولانا الشيخ قدس الله سره الشريف.

واعلم أن الكسل من جهة والخوف من الناس من جهة وتصنع الأدب من جهة أخرى تمنع المريد من أن يبلغ رسالات

الله التي أودعها الشيخ قدس الله سره الشريف فيه. واعلم أن أكثر من جمد طريقه إنما سلك هذه المسالك، ومات حتى يموت لا لِيَحيا بنفس الرحمان. إذ أن الطريق إلى الله رسالة سكونها جبروت الولاية وفنونها ملكوت النبوة وحركتها ما تظهره أنت من هذا النبأ بمداد شيخك في ملك الله.

فمن تحرك في طريق الله بنية إظهاره وأن يكون سببا في ازدهاره أعلاه المولى واجتباه وطوع له فلكه وبين أقرانه سيده، فجعل كلامه مسموعا ورايته مرفوعة. والعكس بالعكس صحيح.

فالشيخ رضي الله عنه لا يميل قلبه في عالم الميلانات للبخيل عن الحركة في مجلى الدعوة ولا يقربه ولو توهم بقربه في مجلى الأشباح أنه قريب. أما الذي يجعل من الطريق إلى الله قضية القضايا وسر العطايا ويبذل جهده في التبليغ وطاقته في الذود على نور الإله أحبه وقربه في الملأ الأعلى وبارك له في الأدنى. فالمريد الحق من أظهر ما استودعته الولاية فيه وظهر بالأصول أمام منتقديه حتى ينال شرف الاتباع ويمحو من قاموسه نفاق الأشقياء.

وهذا المقام أعلى من مقام الشهادة لأن مداده متجدد مع بطون الولاية ووصله أوثق مع سر العناية. إذ أن الولي الصالح كنوزه روحانية فمن جعل الدعوة إلى الله له ثنية اشتغل ولو في البعد مع روح الخلافة فألقى ما نضج من رحمات الوصل بشيخه إلى عباد رب البريات، فجدد بعدها شيخه قدس الله

سره الشريف في قلبه هذه الرحمات ووسع له فلك إدراكه للطائف الإشارات.

أما من كبت النور فيه فلا يتسع فلكه ولا ينضج فهمه لسر الله فهو كالشجرة المثمرة التي تعبأت ثمارا ولم تقطف فلا تكون مثمرة ما لحق من سنوات. أما الشجرة التي تقطف ثمارها فهي تنفع العباد وتكون أثمر في الأعوام اللاحقات.

واعلم أن الولاية مقرونة بالصبر على الطاعات ودوام القربات إلى رب البريات. قال رسول الله صلى الله عليه وسلم: "أَحَبُّ الأعمالِ إلى اللهِ أدْومُها وإن قَلَّ."[14] وقال رب العزة على لسان المصطفى العدنان عليه وعلى آله الصلاة والسلام: "لا يزالُ عبدي يتقَرَّبُ إليَّ بالنَّوافِلِ حتَّى أُحبَّهُ."[15]

فسر هذا المجال المداومة عليه وكبح النفس إلى السير إليه. فخصص دائما وقتا في يومك أو أسبوعك للدعوة إلى طريق الله وإظهاره بما أمدك ولي الله من كرامات الفهم والإبداع وتذكر أن الصديق والفاروق رضي الله عنهما كانا يتسابقان في إظهار أحمد الرسالات، فكانا الأقرب بعد الله ووليه إلى قلب الرسول عليه وعلى آله أزكى الصلوات. واعلم أنك إذا سرت في هذا النهج تكون برزخا من برازخ شيخك تنهل من خير الدارين ظاهرا وباطنا، ثم اعلم أنك بالمداومة على هذه الطاعات تركب

[14] أخرجه البخاري (6465)، ومسلم (783)

[15] صحيح البخاري (6502)

قطار الرضوان وإذا تركتها نزلت إلى محطة النكران، فاللهم اجعلنا من الذين داوموا على الإتيان بنوافل الدعوة إلى العرفان.

وكما قال ولي الله سيدنا أحمد بن مصطفى العلاوي رضي الله عنه: "جاهد تشاهد أحلى الفوائد."

ج- خاطب العامة بما يفقهون

قال عليه الصلاة والسلام: " أُمِرْنا أن نُكلِّمَ الناس على قدْر عقولِهم. "[16]

عن مولانا عَلِيّ عليه السلام موقوفا: "حدثوا الناس بما يعرفون، أتحبون أن يكذّب الله ورسوله"![17]

وعن سيدنا ابن مسعود رضي الله عنه قال "ما أنت بمحدث قوما حديثا لا تبلغه عقولهم إلا كان لبعضهم فتنة."[18]

ولو لم يكن شيخنا قدس الله سره هكذا لما تبعه أحد منا نحن الجاحدون تحقيقا، وكل من اعتقد عكس هذا فإنما ذلك من كبر في نفسه، إذ أن الولي قدس سره من شدة غوصه في بحر

---

[16] كشف الخفاء للعجلوني
[17] أخرجه البخاري
[18] أخرجه مسلم

الحقائق الإلهية وإحاطته بجمع وفرق العلوم اللَّدُنِيَّة والمظهرية لا يستطيع أن يفقهه إلا ربه. فلا تحسب أن قطرات الحقائق التي أظهرها لنا ولي نعمتنا من محيطات علمه تجعلنا نرى في أنفسنا الحق في ردع وزجر من كان خارج دائرة الولاية لما يحملونه من علوم الظن وتوهمهم رسوخها، فنحن في مَثَل مقامهم عند الشيخ قدس الله سره الشريف، ولولا رأفته بنا ولينه معنا لهربنا هروب الفريسة من الجرهم.

فليننا مع معقول إخواننا من الذين مازالوا خارج دائرة النور هو بحد ذاته دعوة ومظهر سريان لين شيخنا قدس سره الشريف معنا نحن الجاحدون قطعا، وبه نستعين في دعوتهم إلى أن يأخذ الله بأيديهم إلى مرمى الحقائق أي مولانا الولي قدس الله سره الشريف.

أما عكس ذلك فهو هدم وفتنة وشر وتنفير وتنمر لا غير. قال رسول الله صلى الله عليه وسلم: "من كان يؤمن بالله واليوم الآخر، فليقل خيرا أو ليصمت"... فصمتنا سنة مؤكدة عندما يغيب عنا اعتبار ما عقله المخالف في بعده. فنحن في نفس المقام أو أتعس إن وضعنا معقولنا في قبالة إطلاق شيخنا قدس سره.

قال تعالى: ﴿فَبِمَا رَحْمَةٍ مِنَ اللَّهِ لِنْتَ لَهُمْ وَلَوْ كُنْتَ فَظًّا غَلِيظَ الْقَلْبِ لَانْفَضُّوا مِنْ حَوْلِكَ فَاعْفُ عَنْهُمْ وَاسْتَغْفِرْ لَهُمْ وَشَاوِرْهُمْ فِي الْأَمْرِ﴾.[19]

والله ورسوله ووليه أعلى وأعلم.

د- أرجع البركة إلى الشيخ قدس الله سره الشريف

اعلم -والله ورسوله ووليه أعلى وأعلم- أن كل ما أظهره الله على لسانك في دعوة الغير إلى الله أو فهوم ربانية لكلام الله ورسوله أو كرامة حسية فمأتاها ولي الله لا نفسي ونفسك الشريرة.

فلا تنسب ما أكرمك الباري به إلى نفسك ولا تريَنّ أنها أصل النعمة، فأنا وأنت ظلمة ما فوقها ظلمة، ولولا أن روح الشيخ قدس الله سره الشريف نفخت فينا من نفس الرحمان لبقينا فيها إلى أبد الآبدين. قال تعالى: ﴿أومن كان ميتا فأحييناه وجعلنا له نورا يمشي به في الناس كمن مثله في الظلمات ليس بخارج منها﴾[20]

قال ربنا: جعلنا ولم يقل جعلت، فأشرك الولي في عالم الأسباب منته المتنزلة من روحه في عالم القدرة. فلا تدخل نفسك لا في مجلى القدرة ولا الأسباب فأنت وأنا وهم أو بالأحرى حروف

---

[19] سورة آل عمران: 159

[20] سورة الأنعام: 122

كتبها الولي بقدرة الله في السجل الغيبي، لا حول لنا ولا قوة إلا بهم ومالنا إلا التأدب معهم في مجلى الأسباب وأن نحمد الله ونشكره على أن هدانا لهذا وأنه ما كنا لنهتدي لولا أن هدانا الله عز وجل.

فقد مَنَّ الله عز وجل على الولاية بما لا يحصره عقل عاقل ولا نقل ناقل من مفاتيح التصريف والوكالة في الجزئيات والكليات. قال ربنا عز وجل على لسان رسول الله صلى الله عليه وسلم: "من عادى لي وليا فقد آذنته بالحرب." أي أن الولي قاسم الفلاح والسعادة وفارق الهم والشقاء بنص حديث الباري. فهو برزخ بينهما مؤثر غير متأثر بفصلهما ووصلهما. قال رسول الله صلى الله عليه وسلم: "أنا سيد ولد آدم ولا فخر."[21] و قال عليه الصلاة والسلام على مولانا الحسن عليه السلام: "ابني هذا سيد"[22] فالسيادة أصل في الولاية بمقتضى وراثتها كما نص عليه الحديث السابق من مولانا رسول الله صلى الله عليه وسلم. والسيد إذا تمعنا فيها تقسم إلى س/يد، أو قل سر اليد، فهم اليد التي تُعاهد بها الله للوصول إلى معرفة نفسك ﴿يد الله فوق أيديهم﴾[23] وأكثر من ذلك: هم سر هذه اليد التي تنزل الأقدار في المشيئة بإذن القادر أي الله، ﴿فمن نكث فإنما ينكث

---

[21] صحيح ابن ماجه

[22] صحيح البخاري 2704

[23] سورة الفتح: 10

على نفسه ومن أوفى بما عاهد عليه الله فسيؤتيه أجرا عظيما﴾[24].

ولا يذهبن عقلك أيها القارئ أن هذا محال إذ أن سيدنا الخضر عليه السلام جاء فيه قرآن كريم صريح قال فيه ربي وربك ورب كل شيء: ﴿قَالَ فَإِنِ اتَّبَعْتَنِي فَلَا تَسْأَلْنِي عَن شَيْءٍ حَتَّى أُحْدِثَ لَكَ مِنْهُ ذِكْرًا﴾ [25].

لم يقل الله سيحدث لك شيئا، فهذا لا جدل فيه، ولكن قال حتى أحدث لك ذكرا، أي أنا صاحب التنزيل في مجلى الأسباب وهذا ما حار فيه نبي ومرسل عليه الصلاة والسلام.

وإن جادلت في مقالنا فواصل قراءة ما تبع من السورة الكريمة حتى ترى ما أحدثه الولي بسر يد القدرة في الأكوان. فهو الفاعل في الأسباب (اليد) وفي الأقدار (السر) بحكم السيادة من وراثته للاصطفاء من منبع الاصطفاء عليه الصلاة والسلام.

فلذلك كان الناس في قديم الزمان من أهل التسليم والاطمئنان لا يتجرؤون على الولاية أو على كل من ظهرت عليه أنوارها خوفا من أن تتحرك يد الأقدار بما لا تشتهيه سفن الأسباب. أما الأشقياء فلا يخلوا منهم زمان وخاصة في زماننا هذا الذي نزعت فيه اخلاق التسليم وصار كل مهرطق يدعي الأحقية في فهم النص وإلغاء الوساطة وتقديم الجهل وتبديع

---

[24] سورة الفتح: 10
[25] سورة الكهف: 70

الكل. روي عن شيخنا ومولانا العارف بالله مولاي العربي الدرقاوي أنه كان ذات نهار بالسوق، وقد حلق رأسه، فإذا برجل سفيه جاء وأمسك برأسه أمام جمع من الناس، وأخذ يردد "ودلاحة واش من دلاحة هذه"، ولم يمر وقت طويل على هذه الواقعة حتى مر فوقه بغل بالسوق فقضى عليه، وجاء الناس يستفسرون ولي الله مولاي العربي الدرقاوي عما جرى، فأجابهم رحمه الله: "ما درت لو والو، راه مول الدلاحة لي غار على دلاحتو".

فقد حرك مولى اليد السر فقسم الشقاء وأنزل الحدث عازفا على وتر الأسباب وتجمل بالستر عندما سلم له الخلق في ذلك الزمان حقيقة السيادة.

ومن لم تقنعه هذه الكلمات فليتذكر ما قاله المولى في حديث الولي الصالح، الذي صارت كل حركاته وسكناته وصفاته وذاته من الله؛ دعاء مستجاب ودرع وملاذ من كل شر وفي كل بحر وبر.

فأما المريد الغافل الذي رزقه الله البسط في الحياة بيد الولاية ﴿وَجَعَلَنِي مُبَارَكًا أَيْنَمَا كُنتُ﴾[26] وأرجع ما ظهر له من خير إلى نفسه وأعماله وأساء الظن بسيد الأسياد فهو أغفل من العوام الذين يعادون الولي إذ أن هؤلاء لم يشهدوا كرامته بالعيان

وهذا الأخير ظهرت له بالحجة والبيان، فلا يغرننا صبره على قلة عِرْفانِنا بالجميل فوالله لو أراد أن يشعل نيران القبض في حياة كائن من كان، تجد الأقدار تحيك له الأسباب حتى يصير مماته أفضل من حياته...

هل تعتقد حقا أن السفينة التي تشق البحر إلى بر الأمان يدير أقدارها القبطان، هذا وهم توهمه عقله وعقلنا بحكم العادة التي أرادتها يد الأقدار له، أما الحقيقة فهي أنه لو أراد البحر له الهلاك ماج وأغرق أوهام سيطرته على مقود الأمان، وقس على ذلك في شأن الولي بحر الحقيقة والشريعة سر اليد في الحركة والسكون.

وقد قلنا من بركة صاحب الزمان قدس الله سره الشريف:

السفينة والبحر

يا قلبا محموما أعياه الأنا...

وأغرقه البين ومحنه الهوى...

ليس لك من الأمر إلا العناء...

إذا ما رأيت الأرض فيك سماء..

فأنت السفينة في بحر غِنى...

عنك وعن كل ما تراك أنا...

وأنت أسير ولو غفلت هنا...

للبحر إذا ماج أغرق المُنى...

فإذا شاء البحر لك الهناء ...

صيَّر لك الموج عونا ...

وحرك لك الكل دفعا ...

إلى مرسى الأمان مِناء المُنى...

فاطلب اللطف وكل سهل هنا...

وتذكر أنك ماء مهينا...

وخف من نفسك ومن كل أنا...

إذ ليس لك من الأمر إلا السوى...

وناجي البحر مع كل أنا...

واعلم أنك لست المناجي هنا...

فدفع الموج لك نجاة...

وإذا شاء البحر أغرقك بها...

فلا ترى أنك صاحب حق على الله وأن البسط الذي تعيش فيه هو أصلا منك. فقد يكون لك استدراجا وسبيلا من سبل الشيطان صنعه وهم حكمك على الأسباب، ولا يغرنك ما يظهره لك الولي من ضعف فهو سر الأقدار وصاحب الفضل عليك في كل بسط وكل جمال، فوالله والله ثم والله إن أسأت الأدب وأراد لك الحبو أو الزحف، انطبقت عليك أبواب الأرض والسماء بما تراه أتفه الأسباب، فتشتعل فيك نيران الحرقان وينقلب عليك الزمان وتضيق بك دوائر الأقدار...

خف من نفسك ولا تُرجع أي خير إليها، بل انسبه إلى شيخك صاحب الزمان؛ المبارك في كل آن بنص القرآن، وتسلح بالدعاء

إذا ضاقت بك ولا تقنط من التوسل به ولا تدع ما ليس لك ولا لي من مقامات العلو والعرفان، فهذا الطريق طريق الرجال أما مثلي ومثلك فليس لنا منها إلا الكلام أما الهمة فمنه لا منا، ولا يعلم هذا الحديث إلا من أراد به الله خيرا في الأكوان والله ورسوله ووليه أعلم بحقيقة البيان.

فاللهم الطف بنا وارفع عنا كل ضيق ولا تمتحنا أبدا يا ربي بجاه من قسمت به السعد والشقاء وبجاه الصلاة والسلام على جده أبي القاسم زهرة الأكوان.

هـ - ويل للذين يقولون مالا يفعلون

اعلم -والله أعلى وأعلم- أن القول صفة المنافقين: ﴿يوم يقول المنافقون والمنافقات﴾ [27] وأن العمل صفة المؤمنين: ﴿وَقُلِ اعْمَلُوا فَسَيَرَى اللَّهُ عَمَلَكُمْ وَرَسُولُهُ وَالْمُؤْمِنُونَ وَسَتُرَدُّونَ إِلَى عَالِمِ الْغَيْبِ وَالشَّهَادَةِ فَيُنَبِّئُكُم بِمَا كُنتُمْ تَعْمَلُونَ﴾ [28].

فلا تفسدَنّ إيمانك بلسانك ولا تذهبَنّ جَرّاءَ نزوة فكر إلى شيخك فتقول له سوف أقوم بهذا العمل من أجل طريق الله، فالشيخ قدس الله سره الشريف لا ينسى ويقيدك بقولك بين جنان الإتيان به وخذلان تركه، فالأَوْلى إن جاء في فكرك عمل ينفع الطريق أن تفكر فيه مَلِيًّا وتدرس بجد أسس إنجاحه وأن

---

[27] سورة الحديد: 13

[28] سورة التوبة: 105

تحضر إمكانيات تفعيله ثم أن تأخذ الإذن إما لنشره أو للشروع فيه. واعلم أن الولي دائما ما يشير لك إلى الأمور التي تتماشى معك في الدعوة إلى الطريق وخدمته فاتبع ما سطره لك وتسلح بالجد واحفظ لسانك من القول من دون فعل.

و- لا طريق بدون اتباع ولا اتباع بدون شريعة

اعلم والله ورسوله ووليه أعلى وأعلم أن هذا الطريق الذي خطه المصطفى عليه الصلاة والسلام بيده لا يُقوى عليه إلا بالاتباع، ولا يطيقه كل مبتدع. فمن أراد الوصول اتبع عترة الرسول صلى الله عليه وآله وسلم، ولا يكون الاتباع اتباعا إلا بقصد باب الشريعة وتعظيم شعائرها.

فإن تعظيم شعائر الدين تعظيم لمُظهرها المحمود عليه الصلاة والسلام. قال تعالى: ﴿ذَٰلِكَ وَمَن يُعَظِّمْ شَعَائِرَ اللَّهِ فَإِنَّهَا مِن تَقْوَى الْقُلُوبِ﴾[29]

فتعظيم شعائر الدين من تقوى القلوب ودلالة العناية الإلهية بالذي قرّت هذه الحسنة في قلبه. فالذي يرى في مظاهر الدين والسنة مزية ويذود على العمل بها وينكسر قلبه لإهمالها أو

التقصير فيها هو الذي أودع الله فيه نعمة الفناء في الصورة المصطفوية المباركة وهي شيخك في عصرك من منبع جمعية العصور سيدنا الرسول عليه الصلاة والسلام، فهي أطهر صورة أخرجت للناس وأسمى ظاهر يوضع عليه القياس. وهذه الصورة ترجع إلى وارثها في كل عصر وهي صورة شيخنا قدس الله سره الشريف في هذا العصر. واعلم بذلك أن تلك الصورة هي التي أخرجت كل مظاهر الدين من قول وفعل وتقرير. فإن كانت وصلت إلينا بالأسانيد المتصلة عند أهل العلم حفظهم الله فهي حية حق الحياة في شيخنا قدس الله سره الشريف. فلا تكن كالذي قال فيهم تعالى: ﴿وَتَرَاهُمْ يَنْظُرُونَ إِلَيْكَ وَهُمْ لَا يُبْصِرُونَ﴾[30] أي تراهم ينظرون إلى أثر السماء في الأدنى عليه الصلاة والسلام وهم في غفلة عن جوهره وهم لا يرون في حركته وفعله وتقريره ومظهره رسالات من قلب مصباح الألوهية، بل يرجعون كماله الظاهري عليه الصلاة والسلام إلى الأدنى لسفاهتهم ولطينيتهم. ولا تكن كالذين قال تعالى فيهم: ﴿وَقَالُوا مَالِ هَذَا الرَّسُولِ يَأْكُلُ الطَّعَامَ وَيَمْشِي فِي الْأَسْوَاقِ﴾[31] أي لا تكن كهؤلاء الذين يرونه ببطونهم لأنهم صاروا عبادا للطعام وعبدوا التجارة وأعرضوا عن عبادة الحق: إذ لما نسوا الله أنساهم أنفسهم فصاروا من الذين يمشون على بطونهم.

---

[30] سورة الأعراف: 198

[31] سورة الفرقان: 7

ولو كانوا من أهل السمو والعلو لرأوا في طعامه ومشيه في الأسواق طريقا للعروج إلى رب الطعام والأسواق وأخذوا الزبدة والرحيق لشحن إناء الإيمان من نور رب الأكوان.

جاء عن سيدنا عبد الله ابْنُ عُمَرَ أنه كَانَ لا يَأْكُلُ حَتَّى يَأْتِى بِمِسْكِينٍ يَأْكُلُ مَعَهُ، قَالَ نَافِعٌ: فَأَدْخَلْتُ رَجُلاً يَأْكُلُ مَعَهُ، فَأَكَلَ كَثِيرًا، فَقَالَ: يَا نَافِعُ، لا تُدْخِلْ هَذَا عَلَىَّ، سَمِعْتُ النبي صلى الله عليه وسلم يَقُولُ: (الْمُؤْمِنُ يَأْكُلُ فِي مِعًى وَاحِدٍ، وَالْكَافِرُ يَأْكُلُ فِي سَبْعَةِ أَمْعَاءٍ).وَقَالَ عَمْرو: كَانَ أَبُو نَهِيكٍ رَجُلا أَكُولا، فَقَالَ لَهُ ابْنُ عُمَرَ: إِنَّ النبي عليه السلام قَالَ: (إِنَّ الْكَافِرَ يَأْكُلُ فِي سَبْعَةِ أَمْعَاءٍ)، فَقَالَ: فَأَنَا أُومِنُ بِاللَّهِ وَرَسُولِهِ.[32]

أي لما صحبه عليه الصلاة والسلام في الطعام وجد طريقا للوصول إلى التحقق في مقام الإيمان بالله وبرسالته والتفريق بين أهل الإيمان والتقوى وأهل الكفر والزيغ أي أهل البركة والبعد. فتعدلت بوصلته رضي الله عنه واستقام مساره واستنار مصباحه بنظرته في حكم المصطفى عليه الصلاة والسلام في مظهر من مظاهر الحياة ألا وهو: الطعام. وقد جاء عن رسول الله عليه الصلاة والسلام:" لا تصاحب إلا مؤمنًا ولا يأكل طعامك إلا تقي."[33]

---

[32] صحيح البخاري: 5393

[33] صحيح أبي داود: 4832

فلذلك المتهاون في اتباع سنة المصطفى عليه الصلاة والسلام والذي يميل قلبه إلى تقليد أهل الكفر في الملبس والمأكل والعشير وتراه يستحي من السنة عليه ويرى فيها النقص من نفس جنس هؤلاء الذين كانوا لا يرون في مظهره الشريف طريقا إلى الله. طغت أنفسهم على الاستغراق في نور الحق فزاغوا قال عز وجل: ﴿إِنْ يَتَّبِعُونَ إِلَّا الظَّنَّ وَمَا تَهْوَى الْأَنْفُسُ وَلَقَدْ جَاءَهُمْ مِنْ رَبِّهِمُ الْهُدَى﴾ [34].

وقال تعالى: ﴿أَفَرَأَيْتَ مَنِ اتَّخَذَ إِلَهَهُ هَوَاهُ وَأَضَلَّهُ اللَّهُ عَلَى عِلْمٍ وَخَتَمَ عَلَى سَمْعِهِ وَقَلْبِهِ وَجَعَلَ عَلَى بَصَرِهِ غِشَاوَةً فَمَنْ يَهْدِيهِ مِنْ بَعْدِ اللَّهِ أَفَلَا تَذَكَّرُونَ﴾ [35]. فكلما زغت عن مظهر الاصطفاء عليه الصلاة والسلام ختم عليك كما جاء في الآية. فاللهم سلم، سلم.

عَنْ ابْنِ عُمَرَ رضي الله عنهما قَالَ: قَالَ رَسُولُ اللَّهِ صَلَّى اللَّهُ عَلَيْهِ وَسَلَّمَ: "مَنْ تَشَبَّهَ بِقَوْمٍ فَهُوَ مِنْهُمْ" [36].

عن عَبْدَ اللَّهِ بْنَ عَمْرِو بْنِ الْعَاصِ رضي الله عنهما قال: رأى رسول الله صلى الله عليه وسلم عَلَيَّ ثَوْبَيْنِ مُعَصْفَرَيْنِ، فَقَالَ: "إِنَّ هذه مِنْ ثِيَابِ الْكُفَّارِ فَلَا تَلْبَسْهَا" [37]. فعلّل الرسول صلى

---

[34] سورة النجم: 23

[35] سورة الجاثية: 23

[36] رواه أبو داود (4031)

[37] رواه مسلم (2077)

الله عليه وسلم النهي عن لبس هذه الثياب بأنها من لباس الكفار.

عَنْ سيدنا ابْنِ عُمَرَ رضي الله عنهما قَالَ: قَالَ رَسُولُ اللَّهِ صَلَّى اللَّهُ عَلَيْهِ وَسَلَّمَ: "خَالِفُوا الْمُشْرِكِينَ، أَحْفُوا الشَّوَارِبَ، وَأَوْفُوا اللِّحَى".[38]

لذلك عظم أهل الله على مرور الأزمنة سنة المصطفى عليه الصلاة والسلام بداية من مظهرها وما تهاون فيهم أحد البتة في أتباعها حتى أن منهم من أسقط عنه الرخص بأنواعها. قال سيدنا أبو بكر الصديق - رضي الله عنه -: "لست تاركًا شيئًا كان رسول الله - صلى الله عليه وسلم - يعمل به، إلا عملت به، وإني لأخشى إن تركت شيئًا من أمره أن أزيغ".[39]

وقال عمر بن عبد العزيز - رحمه الله: "لا رأي لأحد مع سُنة سنَّها رسول الله - صلى الله عليه وسلم".[40]

ولا يلومن المريد إلا نفسه إذا أسقط باب الشريعة وصار التهاون فيها له ذريعة. فإن الشيخ قدس الله سره الشريف رحمة كتبها الله للمتقين أما الفاسقين فلهم نار الجحيم في الدنيا قبل الآخرة. فكم من مريد صارت معيشته ضنكا لتهاونه في الفرائض وعدم إتيانه بعهد الله؛ أحزانه لا تنتهي ودعاءه لا

---

[38] رواه مسلم (259)

[39] صحيح مسلم (1759)

[40] إعلام الموقعين (2/282)

يجتَبِي. وكم من متبع موقر خائف من حدود الله آت بعهد الله في نعم الله يرتوي تخدمه الأكوان وتتنزل عليه في كل وقت لطائف الرحمة وعلوم البيان. فلا تتركن فرضا إلا أديته حق الأداء ولا مكروها إلا ألغيته حق الإلغاء. وخف من المساس بشعائر الله والتجرؤ على حدوده، فالذي فتح عليه الباب عينَ اليقين حسابه أَمَرُّ من أهل علم اليقين. وتذكر أن شيخك لا يحب إلا من أحبه الله ولا يحب الله إلا من زاد على الفرض الأنفال، واستقر عوده على الإيمان بعد الإسلام، واعلم أن شطر هموم وأحزان الفقير في طريقه إلى الله تضييعه لحق الله وأن الشطر الآخر من همومه عدم تفطنه بهذا الداء فيه. فاجعلنا اللهم من الذي يتبعون الرسول النبي الأمي في كل صغيرة وكبيرة حتى تفنى صورتنا في شرف صورته ويظهر حسنه في أنفسنا كما ظهر في سيدنا ومولانا الشيخ قدس الله سره ولو بِذرة فنكون شعرة في حسنه المطلق.

5. البذل في الطريق

اعلم -وفقنا الله وإياكم إلى ما يحبه ويرضاه وليه ورسوله- أن البخيل لا يدخل حضرة الجليل. واعلم أيضا أن المرائي يخرج بصالح الأعمال من حضرة الرحمان. هنا يمكن السر في البذل أن تبذل من مالك ونفسك ووقتك بدون منّ يتبعه منك أذى. قال تعالى: ﴿قَوْلٌ مَّعْرُوفٌ وَمَغْفِرَةٌ خَيْرٌ مِّن صَدَقَةٍ يَتْبَعُهَا أَذًى وَاللَّهُ غَنِيٌّ حَلِيمٌ﴾[41].

فالأولى أن يعلم الفقير أن الولي غَنِيٌّ عن الكل بالله يفتقر له الكل لبعدهم عن الله. وليعلم الكل والغير أن الولي لا تؤثر فيه أموال قارون ولا قصور فرعون. فهو الممد من الله لهذا الكون وما كان أصلا ليخرجه الديان من العدم إلى الوجود في العدم إلا بسر النبي وعترته عليهم أفضل الصلاة والسلام.

عن سيدنا علي كرم الله وجهه، قال:"يا رسول الله مِمَّا خُلِقْتَ؟ فأطرق ساعة ثم رفع رأسه وعليه عرق كالجُمَان، فقال يا علي: لما عُرج بي إلى السماء، وكنت من ربي كَقَابِ قوسين أو أدنى، قلت يا ربي مِمَّ خلقتني؟ فقال يا محمد، وعزّتي وجلالي لولاك ما خلقت جنتي ولا ناري، فقلت يا رب مِمَّ خلقتني؟ فقال لما نظرتُ إلى صفاء بياض نوري، الذي خَلَقْتُه بقدرتي، وأبدعته

بحكمتي، وأضفته تشريفا له إلى عظمتي، اسْتَخْرَجْتُ منه جزءا، فَقَسَّمْتُهُ ثلاثة أقسام، فخلقتك أنتَ وأهلَ بيتك من القسم الأول، وخلقتُ أزواجك وأصحابك من القسم الثاني، وخلقت من أحبكم من القسم الثالث، فإذا كان يوم القيامة، عاد كل حسب ونسب إلى حسبه ونسبه، ورددت ذلك النور إلى نوري، فأدخلتك أنت وأهل بيتكَ وأُصْحَابكَ ومن أحبكم جنتي برحمتي، فأخبرهم بذلك يا محمد عني".[42]

وأخرج ابن عساكر، عن سيدنا سلمان الفارسي رضي الله عنه، أن النبي صلى الله عليه وسلم قال: هبط جبريل عليه السلام فقال:" يا محمد إن ربك يقول لك: إن كُنْتُ اتَّخَذْتُ إبراهيم خليلا، فقد اتخذتك حبيبا، وما خَلَقْتُ خلقا أكرم علي منك، ولقد خلقت الدنيا وأهلها لأعرفهم كَرَامَتَكَ ومَنْزِلَتَكَ عندي، ولولاك ما خلقت الدنيا ".

وحسبك أن الولي يسمع ويرى ويبطش ويدعو ويستعيذ بالله، فلا ترين أنك صاحب منة عليه إن بذلت ولا تحسبن أنك زدت في حضرته شيئا، فهو غني بالله لا بك، والأولى لي و لك أن نعلم أن كل ما وفقنا الباري في بذله في هذا الطريق إنما هو لنخرج أنفسنا من سجن ظلمنا لها.

ولذلك إن كان للفقير مال يريد بذله فلا يخبر به أحدا سوى معلمه حتى لا يلعب عليه وهمه أمام أقرانه فيهدر مدحهم لأعماله صلاحها. وليعلم الفقير أنه إذا أراد أن يعين أخاه في الطريق بمال ذهب إلى شيخه وأعطاه إياه وطلب منه أن يستر عطاءه منه حتى لا يتغير معه أخاه المحتاج ويصير يفرقه عن إخوانه من الفقراء الذين لا مال لهم.

أ- الخمس

اعلم -والله ووليه أعلى وأعلم- أن العترة بنص الحديث المصطفوي ترث النبي صلى الله عليه وسلم إذ أنه تركها فينا، فهي التي بنص القرآن ترجع إليها خمس المغانم والأموال. قال تعالى في سورة الأنفال: ﴿وَاعْلَمُوا أَنَّمَا غَنِمْتُم مِّن شَيْءٍ فَأَنَّ لِلَّهِ خُمُسَهُ وَلِلرَّسُولِ وَلِذِي الْقُرْبَى وَالْيَتَامَى وَالْمَسَاكِينِ وَابْنِ السَّبِيلِ إِن كُنتُمْ آمَنتُم بِاللَّهِ وَمَا أَنزَلْنَا عَلَى عَبْدِنَا يَوْمَ الْفُرْقَانِ يَوْمَ الْتَقَى الْجَمْعَانِ وَاللَّهُ عَلَى كُلِّ شَيْءٍ قَدِيرٌ﴾

فمن أراد الاتباع كف عن الامتناع وألقى خمس ما تغنمه يده إلى حفيد النبي صلى الله عليه وسلم، وهذا أصل للوصول والمعرفة والبركة في كل الفروع والأصول. فأما من أتى به عمته كل الخيرات في طريق البركات، ومن تركه نشفت منابع وصله في

كل الحركات. ولا تحسب أن الشيخ قدس الله سره الشريف سوف يطلبه منك فهو شريف طاهر لا يطلب إلا من الله. فكن فطنا ذكيا، ولا تحسبن أيضا أن نفسك وقرينك سوف يمهدان لك طريق الفطانة، بل سوف تجدهم يحترقون فيك حتى تترك هذا العمل الذي به تخرقهم خرق السيف للعدو.

بـ - الهدية

ليعلم الفقير أن أفضل العطاء ما يهديه المريد لشيخه لأن الهدية بحديث النبي صلى الله عليه وسلم ترسخ الحب في القلوب، ونحن بأشد الحاجة إلى مكان في قلب حبيب الرحمان. والهدية التي تقدم إلى الشيخ وآل بيته بدون تمنن عليهم بقلب لا يرتجي إلا رضاهم، سكن وصلاة وقرب وحصن من كل شر ولا يفوق هذا البذل شيء من أنواع البذل في طريق الله. فمن أهدى الابن كمن أهدى جده عليهم الصلاة والسلام. قال رسول الله صلى الله عليه وسلم:"تهادوا تحابوا."[43] وقال عليه الصلاة والسلام:" أحبوا الله لما يغذوكم به من نعمه، وأحبوني لحب الله، وأحبوا أهل بيتي لحبي".[44]

---

[43] الأدب المفرد للبخاري
[44] سنن الترمذي: 3789

وعَنْ عَائِشَةَ رَضِيَ اللَّهُ عَنْهَا قَالَتْ: "كَانَ رَسُولُ اللَّهِ ﷺ يَقْبَلُ الْهَدِيَّةَ، وَيُثِيبُ عَلَيْهَا"[45].

وثواب النبي صلى الله عليه وسلم هو حبه وبركة دعائه ووصله والسكون فيه بمظهر وارثه في عصره عليهما الصلاة والسلام.

ومن آداب الهدية أن تكون دائما النفيس من الأشياء وأغلاها على قلب المهدي، وأن لا تدخل عليه إلا بها إن قررت زيارته.

كما يروي لنا مولانا الشيخ قدس الله سره الشريف أن أحد الأولياء كان لا يقبل مريديه إلا بهدية يأتونه بها وهو الذي أغدق عليه الله عز وجل من الثروة أكثرها. فسأله أحدهم عن هذا الأصل في تربيته لهم فأجابه: تنفقون مما هو أغلى عندكم (أي الدنيا) حتى ننفق مما هو أغلى عندنا أي معرفة الله.

واعلم أنه لا يستحب هدية الإخوان من الفقراء إذ أنها تحرك النفوس إما بالطمع وإما بالكبر والعجب فتخلق الأورام وتجعل الفواصل في طريق الله المستقيم.

ج- الصدقة

اعلم أن الشيخ قدس الله سره الشريف من حفدة النبي صلى الله عليه وسلم لا يقبل أوساخ الناس من صدقة؛ فهو الطاهر

المطهر، وكما يقول لنا قدس الله سره الشريف إن الصدقة على أهل البيت عليهم السلام أتعس عند الله من الزنا. فلا تضعن في قلبك البتة نية التصدق على سيدك عليه السلام. فهو يعلم ما يخفي صدرك وإن أخذها منك فلن يضعها في نفسه ولا أهله ولا ماله. عن أبي هريرة رضي الله عنه: "كان رسول الله - صلى الله عليه وسلم - يقبل الهدية، ولا يأكل الصدقة"[46].

وعن عبد المطلب بن ربيعة بن الحارث قال: قال رسولُ الله ﷺ:"إنَّ الصدقة لا تنبغي لآل محمدٍ، إنما هي أوساخ الناس وإنها لا تحلّ لمحمدٍ ولا آل محمدٍ"[47].

فإن أراد الفقير التصدق فلا يتوهمن بهذه الأحاديث أنه لا يمر على الشيخ قدس الله سره الشريف، بل الأفضل له أن يمرر صدقاته وزكواته وكل أمواله على مرشده حتى يتحقق بقول الله تعالى: ﴿خُذْ مِنْ أَمْوَٰلِهِمْ صَدَقَةً تُطَهِّرُهُمْ وَتُزَكِّيهِم بِهَا وَصَلِّ عَلَيْهِمْ إِنَّ صَلَوٰتَكَ سَكَنٌ لَّهُمْ وَٱللَّهُ سَمِيعٌ عَلِيمٌ﴾[48].

فمن مرر الصدقة على يد الولي تطهر وتزكى وكانت له وصلا وصلة مع جده المصطفى عليه الصلاة والسلام ومع رب العزة، وسكنا له من قبض الدنيا وعسرها. وأفضل الصدقة والزكاة ما يصرف على الزاوية وشؤون القيام بها أما الذي يصرفها من دون

---

[46] سنن أبي داود: 4512

[47] صحيح النسائي: 2608

[48] سورة التوبة: 103

المرور على شيخه قدس الله سره الشريف يؤجر بها ولكن لا ينال منها معرفة ولا صلة ولا طهارة ولا تزكية ولا سكينة إلا إذا شاء الله غير ذلك. والله يفعل ما يشاء والله، ورسوله، ووليه أعلى، وأعلم.

د- الفدية

قال تعالى في كتابه الحكيم: ﴿فَالْيَوْمَ لَا يُؤْخَذُ مِنكُمْ فِدْيَةٌ وَلَا مِنَ الَّذِينَ كَفَرُواْ مَأْوَىٰكُمُ النَّارُ هِيَ مَوْلَىٰكُمْ وَبِئْسَ الْمَصِيرُ﴾[49]. فمن أراد أن يحتمي من نار البعد، ليفتدي من ماله قبل فوات أوانه. ومن أراد حسن المصير ليفتدي أيضا منه ما شاء الله أن يفتدي. فكل عمل أردت بركته أو ذنب أردت مسحه أو بلاء أردت تلطيفه فافتَدِ له في الدنيا عن طريق تمرير الفدية بين يدي وارث النبي عليهما الصلاة والسلام. قال تعالى: ﴿يَا أَيُّهَا الَّذِينَ آمَنُوا إِذَا نَاجَيْتُمُ الرَّسُولَ فَقَدِّمُوا بَيْنَ يَدَيْ نَجْوَاكُمْ صَدَقَةً ذَٰلِكَ خَيْرٌ لَكُمْ وَأَطْهَرُ فَإِن لَّمْ تَجِدُوا فَإِنَّ اللَّهَ غَفُورٌ رَحِيمٌ﴾[50]. فإذا مررتها على الوارث مررتها على المورّث فكانت نجواك أقرب إلى الوصول إلى الله وكان فيها كل الخير لك وكانت أطهر من أن تقدمها بيدك المتنجسة. إذ أن الوارث قدس الله سره الشريف يعلم أين

---

[49] سورة التوبة: 103
[50] سورة المجادلة: 12

يضعها لك فهو يلقيها في فم الأتقياء من المؤمنين فيصعد دعاؤهم لك مباشرة في الحين إذ أن المؤمن التقي تحقق باسم من أسماء الله الحسنى أي المؤمن فإذا أكل من فديتك تجلى الاسم في الأثر ووصلت إلى الاسم الأعظم "الله" مباشرة إذ أن كلية الأسماء محترقة فيه. قال رسول الله صلى الله عليه وسلم: "لَا تُصَاحِبْ إِلَّا مُؤْمِنًا، وَلَا يَأْكُلْ طَعَامَكَ إِلَّا تَقِيٌّ".

6. محاسن التأدب مع مفاتيح الجلالة

أ- محاسن التأدب مع نور الجلالة والتحذير من تنقيره عند المشاهدة

اعلم -والله ورسوله ووليه أعلى وأعلم- أن الله في كتابه الحكيم قال: ﴿الله نور﴾. ومنه فإن صفته لم تغادر البتة ذاته فمن شهد مثل الصفة شهد الصفة ومن شهد الصفة دق باب الذات، وبناء عليه قال أهل الله أن أقصى درجات القرب والمعرفة أن يتجلى نوره على المريد. روي أن سيدنا ابو ذر الغفاري رضي الله عنه سأل رسول الله صلى الله عليه وسلم: هل رأيت ربك، فأجابه: "نورا أنى أراه"[51] وقال أيضا: "رأيت نورا".[52]

فذرة نور من سبحات وجهه أغلى وأعلى مني ومنك ومن كل الأكوان والأشكال والأقوام التي ظهرت والتي لم تظهر والتي سوف تظهر، فالكل مفتقر لنوره بنص القرآن الكريم؛ إذ أن الله تعالى قال: ﴿الله نور السموات والأرض﴾ ولا يفتقر نوره للشيء أي لك أنت و لا لي، بل هي صفة أغناها الله به جل في علاه. فكل من فتح عليه الله من مثل الصفة ولو لمحة منها

---

[51] زاد المعاد : 3/33

[52] صحيح مسلم: 178

واستحقرها عظم شيئيته وفناؤه وهلاكه وبلاءه، وقدس انعكاسه الوهمي وكفر الأصل النوراني والعياذ بالله من هذا الضلال المبين، فثبت الكبر فيه وأبعد نفسه عن دائرة الاصطفاء وأغلق الباب الذي يشرف على دار البقاء. وهذا نقع فيه نحن مريدو هذا العصر السفيه لثقل أنفسنا من هول تعظيمها للصور على الحقيقة، إذ أنك تجد المريد إذا تجلى عليه ربه بنجم نوراني احتقره وإذا رأى صورة لملتحي يلبس البياض ما فارقت مخيلته. لذلك لا يعم أكثرَنا نورُه المقدس عن الجهات والأضداد ولا يطهر هذا النور أنفسَنا المليئة بحب الشهوات. فالنور يعلو ولا يعلى عليه فإذا تجرأت عليه أبعدك ولم يقربك إليه.

فالأولى للمريد في أول الطريق أن يُدخل في عقله بالقمع والمجاهدة والورع أن النور رب التجليات لا شريك له في عالم الفتوحات، وبها إذا ظهرت له في بعده وقلة تعظيمه لمحة نور عظمها وحقر من نفسه أمامها، هذا حتى يعمه النور بفضل من الله وقسمة من وليه تقدس سره النقي. وأقرب الطرق إلى هذا التقديس أن يعلم الفقير أن النور هو عينه شيخه فرسوله عليهما السلام فالله عز وجل. فالنور حقيقة جمعت في الآن نفسه التنزيه إذ قال تعالى: ﴿الله نور﴾ وتنزلت من شذاها مراتبه

من التنزيه إلى التشبيه: قال تعالى: ﴿مثل نوره كمشكاة فيها مصباح المصباح في زجاجة الزجاجة كأنها كوكب دري﴾.[53]

عن سيدنا جابر بن عبد اللّه عنهما، قال: "قلت: يا رسول اللّه بأبي أنت و أمّي أخبرني عن أوّل شيء خلقه اللّه تعالى قبل الأشياء، قال: "يا جابر إن اللّه عزّ و جلّ خلق قبل الأشياء نور نبيّك من نوره، أي من نور خلقه و أضافه إلى نفسه تشريفا له فجعل ذلك النّور يدور- أي يتردد- و ينتقل في عالم الملكوت بالقدرة حيث شاء اللّه و لم يكن في ذلك الوقت لوح ولا قلم و لا جنّة و لا نار ولا ملك و لا سماء ولا أرض و لا شمس و لا قمر و لا جنّي و لا إنسي، فلمّا أراد اللّه تعالى أن يخلق الخلق قسم ذلك النّور- أي اقتبس منه- أربعة أجزاء، فخلق من الجزء الأول القلم و من الثاني اللوح و من الثالث العرش ثم قسّم الجزء الرابع أربعة أجزاء فخلق من الأوّل حملة العرش، و من الثّاني الكرسي، و من الثّالث باقي الملائكة. ثمّ قسّم الرّابع أربعة أجزاء فخلق من الأوّل السّماوات، ومن الثّاني الأرضين، ومن الثالث الجنّة والنّار، ثمّ قسم الرّابع أربعة أجزاء فخلق من الأوّل نور أبصار المؤمنين، ومن الثّاني نور قلوبهم وهو المعرفة باللّه، ومن الثّالث نور أنفسهم وهو التوحيد لا إله إلا اللّه محمّد رسول اللّه".[54]

---

[53] سورة النور: 35

[54] عبد الرزاق في مصنّفه و البيهقي

فخف من كل فكرة توهمك أن النور مجرد انعكاس بصري أو خيال أو سحر والعياذ بالله من الكفر بعد الإيمان. ولا تقل للشيخ قدس الله سره الشريف أنك لا تشاهد النور لأنه لا يعمك في المشاهدة ببعدك وقذارة ماضيك وقلة تسليمك وسوء خلقك، لأن شيخك من شدة علو كعبه عند الديان يخرق لك سبعين حجابا من ظلمة ويفتح لك باب يطل على مشكاة المصطفى عليه الصلاة والسلام ولو كنت أسفَةَ الثقلين. فليس هناك فقير يذكر ورد الطريقة إلا ويشاهد هذا النور فإن لم تعمه شمس حقائق شيخه فهو في قمره فإن لم يكن قمره فهو مع نجمه فإن لم يكن مع نجمه فهو مع انعكاسها بالنجوم في المشكاة فإن لم يكن فهو مع شعاع هذه النجوم من وراء الغمامة. فلا تتجرأ وتنفي الرحمة التي أنزلها عليك ربك بيد شيخك فتخرج بلسانك نفسك منها.

فالولي إذا سألك عن مشاهدتك لنور الله امتحنك بكل وصف تصف به صفة الرحمان. فحقر نفسك عندما تصف النور وعظم الصفة بعظمها عند الموصوف بها. فلا تقل أرى نقطة من نور يا شيخ فتجعل نفسك الكبيرة ونوره صغير، بل قل يا سيدي ومولاي إني من بعدي عن الله تعالى وتلوث نفسي بما سواه أرى حقيقة بعدي في التجلي بالنجم النوراني المبارك وكأنه نقطة حاشاه من كل تصغير فهو الكبير وأنا البعيد عن حقيقته. فهو في ما تجلى علي في المشاهدة يشبه النجم في سماء ليلة صيف لا

سحاب فيها تراه من بعدك نقطة تلمع ولكن إذا اقتربت منه صار حجمك هباءً بالمقارنة معه.

فمن لم يحقر نفسه أمام نور الله ولم يُضظَفِ كلماته في التعبير عليه يصعب عليه حمل أسرار هذا النور إلا إذا شاء الولي غير هذا.

بـ - لا تُفشِ عرض النبي صلى الله عليه وسلم: السر

اعلم -والله ورسوله ووليه أعلى مني ومنك وأعلم- أن الطريق الذي يبنيه لك الولي لمعرفة الله يسري بك في مراتب الاسم بسبعين سرا كلهم تنزلوا من حضرة الاصطفاء وجُعِلوا لخاصة المؤمنين والأولياء لا غير. فقد كان النبي صلى الله عليه وسلم إذا ما اجتمع بأهل الحقائق بعد صلاة الصبح أغلق باب المسجد وسأل الحضور إن كان بينهم غريب فستر عليه ما لا يطيقه من معارف وإن لم يكن فتح على الخواص أسرار الإخلاص. قال رسول الله صلى الله عليه وسلم: "خاطب القوم بما يفقهون".

فإياك أن تخاطب العوام بلسان الخواص فتهلكهم وتهلك معهم. فإفشاء أسرار الألوهية كفر بالإجماع وقد وصفه أهل الله بأنه طعن والعياذ بالله في عرض خير خلق الله سيدنا

محمد عليه صلاة الله وسلامه. ولا تخاطب الخواص بما لم يصلوا إليه من مراتب في الأسرار و إلا قطعت الطريق عليهم وعليك. بل خاطب من هو في مقامك بسر الله فتأخذ منه ما غاب عنك من أوجه هذا السر، والأفضل دائما أن يكون المخاطب شيخُك الجامع لكل الأوجه والطرق الموصلة لمعرفة الله. و اعلم أن السر يبقى سرا ولو بحت به؛ لأنه منزه فلا يُشَبّه ولو رسمت له فلكا في التشبيه. فكل من لا سر له فاقد لأفلاكه؛ فإذا رسمت له فلك السر أغرقته في أوحال التشبيه، لأنه فاقد للأصل لا منبع له يستنشق منه نفحات التوحيد. فالذي تكلمه عن الله ولا باب له من جهة التنزيه، يقيد كل معنى تكلمه عليه بتقييد ما شُبّه له من صور أو معانٍ عقلانية، فإما أن يجعل للإطلاق صنما في فكره يسميه إلهاً، وإما أن ينفي كل ما ينفى من تقييده؛ فيجعل الإله كلمات مقيدة في ورق لا يقبل الوجود المطلق بدون تقييد، فعندما تنوره بوجه من الحقائق ينكر، لأن الحقيقة سر سرى في النفي والإثبات من الإطلاق في التقييد بلا قيد، فلا تكلمه إلا بالشريعة الغراء ولا توجهه إلا إلى نور الله، لأنه الباب بين الكل والولي والله.

خاتمة

الحمد لله الذي بوليه تتم الصالحات! اللهم إجعل هذا العمل نورا يتنزل صبحة و عشية على والدتي، نور عيني أمي آسيا و والدي و سيدي أنور و أخواي سيدي خالد و مروان و أختي درة و كل من آزر مولانا الشيخ قدس الله سره الشريف بجاه سيد المرسلين و آله أجمعين, آمين.

الفهرس

إهـــداء 4

التقريظ 7

المقدمة 12

مختصر ترجمة الشيخ الختم محمد فوزي الكركري قدس الله سره 14

1. النية في مبايعة الشيخ قدس الله سره الشريف في طريق الله 23

أ- أن يأخذ الولي بيدك إلى التوبة 24

ب- الهجرة إلى الله لا لغير الله 28

ج- لا تقل أتيت لله 29

2. مسألة الحب: أحبك يا شيخ 31

3. صحبة الشيخ قدس الله سره الشريف 35

أ- لا تجعل للشيخ شريكا 36

ب- الصراحة راحة 38

ج- خف من المقام العالي 39

د- غيرة الولي 41

4. الحركة في طريق الله 45

أ- الشهادة فرض عين على المشاهد 45

ب- داوم على الدعوة في طريق الله حتى تتجدد الرحمات فيك 47

ج- خاطب العامة بما يفقهون 50

د- أرجع البركة إلى الشيخ قدس الله سره الشريف 52

ه- ويل للذين يقولون مالا يفعلون 58

و- لا طريق بدون اتباع ولا اتباع بدون شريعة 59

5. البذل في الطريق 65

أ- الخمس 67

ب- الهدية... 68

ج- الصدقة 69

د- الفدية 71

6. محاسن التأدب مع مفاتيح الجلالة 74

أ- محاسن التأدب مع نور الجلالة والتحذير من تحقيره عند المشاهدة.......... 74

ب- لا تُفشِ عرض النبي صلى الله عليه وسلم: السر 78

خاتمة 80